T0209022

Organisationskulturen beeinflussen

Stefan Kühl

Organisationskulturen beeinflussen

Eine sehr kurze Einführung

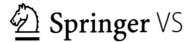 Springer VS

Stefan Kühl

Metaplan
Quickborn, Deutschland

Universität Bielefeld
Bielefeld, Deutschland

ISBN 978-3-658-20196-8   ISBN 978-3-658-20197-5   (eBook)
https://doi.org/10.1007/978-3-658-20197-5

Die Deutsche Nationalbibliothek verzeichnet diese Publikation in der Deutschen Nationalbibliografie; detaillierte bibliografische Daten sind im Internet über http://dnb.d-nb.de abrufbar.

Springer VS
© Springer Fachmedien Wiesbaden GmbH, ein Teil von Springer Nature 2018

Gedruckt auf säurefreiem und chlorfrei gebleichtem Papier

Springer VS ist ein Imprint der eingetragenen Gesellschaft
Springer Fachmedien Wiesbaden GmbH und ist Teil von Springer Nature
Die Anschrift der Gesellschaft ist: Abraham-Lincoln-Str. 46, 65189 Wiesbaden, Germany

Inhalt

Vorwort

Wenn man in einem Unternehmen, einer Verwaltung, einem Krankenhaus, einer Schule oder einer Universität ein Problem identifiziert, dann wird häufig die Kultur der Organisation dafür verantwortlich gemacht. Es ist die Rede von einer »Angstkultur«, die dazu geführt hat, dass wichtige Informationen nicht an die Vorgesetzten weitergegeben wurden. Es wird eine aus Ergebnisorientierung, Eigenmotivation, Begeisterung und Arbeitsfreude bestehende »Lustkultur« diagnostiziert, in der sich zwar alle Mitarbeiter in einem dauerhaften Flow befinden, darüber aber ihre eigenen Grenzen nicht mehr wahrnehmen können. Oder es wird eine »Opferkultur« festgestellt, in der die Organisation den Mitarbeitern als »Jammertal« erscheint, aus dem sie nicht mehr herauszukommen glauben (siehe Vogler 2014).

Solche verkürzten Kulturbeschreibungen überzeugen sicherlich mit ihrer Eingängigkeit, analytisch aber kratzen sie nur an der Oberfläche der Organisation. Die Kurzformel der »Angstkultur« dunkelt ab, wie sich die Angst in die Organisation eingeschlichen hat, an welchen Stellen der Organisation genau die Angst produziert wird und welche Effekte sie zum Beispiel in der Bereitschaft zu funktionalen Regelabweichungen zeigt. Die Kurzformel »Lustkultur« hat einen posi-

tiven Touch, lässt aber offen, woher diese Lust kommt und
was die genauen Kosten dieser Lust sind. Die Bezeichnung
»Opferkultur« hat eine gewisse Griffigkeit, verbaut aber gerade deswegen eine Tiefenanalyse der kulturellen Verhaltenserwartungen.

Das Ziel dieses Buches ist es, Leserinnen und Leser in die
Lage zu versetzen, die Kultur einer Organisation präzise und
umfassend zu erkennen und Ansatzpunkte für ihre Veränderung zu identifizieren. Dafür ist es nötig, die Diskussion über
Organisationskulturen vom humanistisch-harmonistischen
Ballast zu befreien, der sich gerade bei der Definition von
Zielkulturen von Organisationen eingeschlichen hat. Sicherlich – es ist nachvollziehbar, wenn Manager und Berater eine
Vertrauens- einer Misstrauenskultur vorziehen oder eine in-
novationsorientierte Kultur besser finden als eine bürokratische. Aber letztlich verbaut die im Management- und im Be-
raterdiskurs omnipräsente Werteprosa den genauen Blick auf
die Organisation.

Während es in der Diskussion bisher eher üblich ist, den Begriff Organisationskultur breit zu fassen und darunter so unterschiedliche Phänomene wie »grundlegende Annahmen«,
»nach außen dargestellte Werte«, »Traditionen«, »Glaubenssätze«, »Mythen« und »Artefakte« zusammenzufassen, arbeiten wir hier mit einem engen, präzise bestimmten Begriff von
Organisationskultur. Organisationskultur besteht in unserem
durch die Systemtheorie geprägten Verständnis aus Verhaltenserwartungen an Organisationsmitglieder, über die nicht
offiziell vom Management entschieden wurde, sondern die
sich langsam durch Wiederholungen und Imitationen eingeschlichen haben. Durch diese enge Bestimmung kann man
die Organisationskultur – man könnte auch informale Struktur sagen – einerseits gegen die formale Struktur und andererseits gegen die für die Außendarstellung geschaffene Schauseite der Organisation abgrenzen (Kapitel 1). Diese Bestimmung

hilft, einen Fehler zu vermeiden, der sich gerade in die Debatte von Praktikern aus Management und Beratung eingeschlichen hat. Es herrscht dort die Vorstellung vor, dass aufbauend auf einer Istanalyse der Organisationskultur eine Sollkultur definiert werden müsse, die dann durch verschiedene Kulturmaßnahmen des Managements erreicht werden könne (Kapitel 2). Wir halten diese Vorstellung von Organisationskultur für den Ausdruck überzogener Steuerungsphantasien von Managern und Beratern, die am Ende eher zur Verdunkelung der faktisch existierenden Organisationskultur beitragen. Es mag paradox klingen – aber die einzige Möglichkeit, um die Kultur – die informale Struktur – einer Organisation zu beeinflussen, ist eine Veränderung der formalen Struktur (Kapitel 3). Statt – wie üblich – die Veränderung der Formalstruktur von Projekten zur Veränderung der Organisationskultur zu trennen, plädieren wir im Fazit dafür, dass Kulturprojekte nur dann sinnvoll sind, wenn es die Möglichkeit gibt, an der Veränderung der Formalstruktur anzusetzen (Kapitel 4).

Die hier dargestellte Vorgehensweise zur Bearbeitung von Organisationskulturen beruht auf unseren langjährigen Erfahrungen bei der Arbeit mit Unternehmen, Ministerien, Verwaltungen, Armeen, Polizeien, Universitäten, Schulen, Krankenhäusern und Non-Profit-Organisationen. Auch wenn dieses Buch aus der praktischen Arbeit heraus entstanden ist, haben wir den Anspruch, dass unsere Vorgehensweise mit den Einsichten neuerer Ansätze der Organisationstheorie abgestimmt ist.

Dabei legen wir Wert auf die Feststellung, dass Organisationstheoretiker und Organisationspraktiker grundsätzlich unterschiedliche Qualitätskriterien haben. Die Annahme, dass »gute Wissenschaft« auch zwangsläufig »gute Praxis« ist, ist schon deswegen naiv, weil die Erfolgskriterien von Wissenschaftlern ganz andere sind als die von Praktikern. Aber trotz dieser aus unserer Sicht grundsätzlich nicht überwindbaren

Differenz ist unser Anspruch hier, eine in der Praxis erprobte Vorgehensweise so zu präsentieren, dass sie von Organisationswissenschaftlern nicht sofort als uninteressant abgetan werden kann. Und auch wenn dieses kleine Buch vorrangig für Praktiker geschrieben ist, so mögen aufmerksame Organisationswissenschaftler vielleicht doch die eine oder andere interessante theoretische Innovation entdecken.

Dieses Buch ist Teil der kleinen Reihe *Management-Kompakt*, in der wir für Praktikerinnen und Praktiker vor dem Hintergrund moderner Organisationstheorien zentrale Grundlagen für das Management darstellen. Vor diesem Band »Organisationskulturen beeinflussen« sind kleine Bücher zu den Themen »Organisationen gestalten«, »Projekte führen«, »Strategien entwickeln«, »Leitbilder erarbeiten« und »Märkte explorieren« erschienen. In einem Buch über »Laterales Führen« haben wir zusätzlich vorgestellt, in welcher Form Macht, Verständigung und Vertrauen bei der Gestaltung von Organisationen wirken. Weil diese Bücher auf dem gleichen Verständnis von Organisationen basieren, werden aufmerksame Leserinnen und Leser in den Büchern der Reihe *Management-Kompakt* immer wieder verwandte Gedankengänge und ähnliche Formulierungen finden. Diese Überschneidungen werden von uns bewusst eingesetzt, um die Einheitlichkeit des zugrundeliegenden Gedankengebäudes und die Verbindungen zwischen den verschiedenen Büchern hervorzuheben.

Die organisationstheoretischen Grundlagen hinter diesem Konzept finden sich in dem Buch »Organisationen. Eine sehr kurze Einführung« (Kühl 2011); besonders das erste Kapitel des hier vorliegenden Buches, in dem die Vorteile eines engen Begriffs von Organisationskultur präsentiert werden, baut darauf auf. Wer sich für empirische Untersuchungen von Organisationskulturen interessiert, die mit den hier vorgestellten Unterscheidungen arbeiten, kann diese im Buch »Sisyphos im Management. Die vergebliche Suche nach der optimalen Organisationsstruktur« nachlesen (Kühl 2015d). Wer Interesse daran hat, wie das hier vorgestellte Konzept für die historische Analyse von Organisationen genutzt werden kann, sei auf das Buch »Ganz normale Organisationen. Zur Soziologie des Holocaust« (Kühl 2015b) verwiesen.

Wir halten nichts davon, Manager und Berater mit Bullet Points, Executive Summaries, grafischen Darstellungen des Textflusses oder gar mit Übungsaufgaben zu »unterfordern«. In der Reihe *ManagementKompakt* erscheinen kurz gefasste Bücher, die Lesende in die Lage versetzen, die zentralen Gedanken auch ohne solche Hilfsmittel zu erfassen. Wir nutzen in diesem Buch – genauso wie in all unseren anderen Büchern der *ManagementKompakt*-Reihe – deswegen neben sehr sparsam eingesetzten Grafiken lediglich ein einziges Element, das die Lektüre des Buches erleichtert: kleine Kästen. Hier werden entweder Beispiele angeführt, die unsere Gedanken illustrieren, oder ausführlich Anschlüsse an die Organisationstheorie markiert. Wer wenig Zeit hat oder sich für diese Aspekte nicht interessiert, kann auf die Lektüre dieser Kästen verzichten, ohne dass dadurch der rote Faden bei der Lektüre verloren geht.

Dieses Buch wurde im Rahmen des Metaplan-Qualifizierungsprogramms »Führen und Beraten im Diskurs« entwickelt. Den Teilnehmerinnen und Teilnehmern der verschiedenen Jahrgänge, mit denen wir das Modul »Organisationskulturen beeinflussen« erprobt und verfeinert haben, sei für ihre vielfältigen Hinweise und Ideen gedankt.

1 Organisationskultur – was ist das?

Kaum ein Begriff wird im Management so leichtfertig und unpräzise gebraucht wie der der Organisationskultur. Unter Organisationskultur werden sowohl »grundlegende Annahmen«, »Taken-for-granted-Verhalten« als auch »nach außen dargestellte Werte« und »Artefakte« wie Architektur, Möbel oder Kleidung verstanden (Schein 1985, S. 12). Organisationskultur wird als »Gesamtheit aller Normen und Werte« verstanden, die den »Geist und die Persönlichkeit« einer Organisation ausmachen (Doppler und Lauterburg 2002, S. 451). Zur Organisationskultur werden so unterschiedliche Phänomene wie kognitive Fähigkeiten (Schnyder 1992, S. 63), Denkhaltungen (Kobi und Wüthrich 1986, S. 13), Organisationsklima (Schein 1985, S. 21) oder erworbene Wissens- und Erkenntnisprogramme (Klimecki et al. 1994, S. 80) gezählt. Organisationskultur wird als eine »Sammlung aus Traditionen, Werten, Strategien, Glaubenssätzen und Verhaltenssätzen bezeichnet« (Marshall und Mclean 1985, S. 2 ff.) oder – komplizierter ausgedrückt – als »selbstreferentielle Sinnzusammenhänge« in einer Organisation (Bardmann und Franzpötter 1990, S. 434). Unter Organisationskultur werden die Mythen, Geschichten und Legenden, die in einer Organisation kursieren, zusammengefasst (Frost et al. 1985, S. 17)

© Springer Fachmedien Wiesbaden GmbH, ein Teil von Springer Nature 2018
S. Kühl, *Organisationskulturen beeinflussen*,
https://doi.org/10.1007/978-3-658-20197-5_1

ebenso wie die Helden, die den Stil einer Organisation prägen (Rodríguez Mansilla 2004, S. 57).

Der Begriff der Organisationskultur dient dabei als »terminologischer Staubsauger«, mit dem alles aufgenommen werden kann, was in irgendeiner Form mit Organisationen zu tun hat. Werte, Normen, Geschäftsmodelle, Regeln, Symbole, Denkweisen, Glaubenssätze, Mythen, Dogmen, Bedeutungen – alles wird mit dem Begriff der Organisationskultur erfasst und miteinander vermengt. Der Begriff der Organisationskultur droht dabei das gleiche Schicksal zu erleiden wie die im Managementdiskurs ebenfalls expansiv verwendeten Begriffe der Führung oder der Strategie – begriffliche Beliebigkeit. Das hat zur Folge, dass mit einem weit bestimmten Begriff von Organisationskultur häufig die gleichen empirischen Phänomene und normativen Empfehlungen erfasst werden wie mit den Begriffen der Führung oder der Strategie. So wird dann die Idee der »Geisteshaltung« der Organisationsmitglieder unter dem Begriff der Organisationskultur genauso behandelt wie unter dem Begriff der Strategie. Oder Verhaltensweisen oder Haltungen werden sowohl unter dem Begriff der Führung als auch unter einem weiten Begriff der Organisationskultur diskutiert (siehe dazu Alvesson 2013, S. 83 und S. 99 f.; Kühl 2016, S. 6 ff.).

Sicherlich – die expansive, nahezu beliebige Verwendung des Begriffes Organisationskultur schafft – ähnlich wie die unkontrollierte Verwendung der Begriffe Führung oder Strategie – die Grundlage für eine erfolgreiche Verständigung mit und unter Praktikern (so Ebers 1991). In ihrer vagen Bestimmung suggerieren diese Begriffe Anschlussfähigkeit, weil sich fast alle Phänomene in der Organisation mit ihnen in Verbindung bringen lassen, und gleichzeitig lösen sie positive Assoziationen aus, weil sie Eingriffsmöglichkeiten in die Organisation versprechen. Tatsächlich hat diese terminologische Beliebigkeit jedoch den Effekt, dass weitgehend vernebelt wird, worum es eigentlich genau geht. Wegen der fehlenden Präzision ist – so die verbreitete Klage – in der inzwischen über Jahrzehnte andauernden Diskussion über Organisationskultur weitgehend unklar geblieben, »was Kultur ist«, »welche Merkmale sie hat«, »aus was sie besteht«, »was sie bewirkt« oder »wie sie untersucht werden sollte« (Sackmann 1991, S. 8 f.).

Dabei ist es aus einer organisationswissenschaftlichen Perspektive gar nicht so schwer, den Begriff präzise zu bestimmen: Unter »Organisationskultur« versteht man all jene Verhaltenserwartungen, die nicht über Entscheidungen festgelegt wurden, sondern die sich langsam eingeschlichen haben. Die Organisationstheorie spricht hier von den nicht entschiedenen Entscheidungsprämissen in Organisationen (Rodríguez Mansilla 1991, S. 140 f.). Der Praktiker mag angesichts dieser Definition erst einmal irritiert sein. Entscheidungsprämissen – was soll das sein? Und was sollen dann nicht entschiedene Entscheidungsprämissen sein? Zugegeben – auf den ersten Blick mag diese Bestimmung von Organisationskultur kompliziert erscheinen. Auf den zweiten Blick ist das aber eigentlich ganz einfach. Man muss sich lediglich ansehen, wie sich organisationskulturelle Erwartungen – die nicht entschiedenen Entscheidungsprämissen – ausbilden.

1.1 Die Kultur von Organisationen – die nicht entschiedenen Entscheidungsprämissen

Als Ausgangspunkt zu einem besseren Verständnis kann man die letztlich banale Beobachtung nutzen, dass Menschen Erwartungen ausbilden, um überhaupt miteinander zurechtzukommen. Man weiß, dass man grüßt, wenn man an einer Haustür klingelt und einem geöffnet wird (vgl. Goffman 1967, S. 55 f.). Man hat eine Vorstellung davon, wie man sich in

Warteschlangen zu verhalten hat, und wird zurechtgewiesen,
wenn man sich nicht an die üblichen Regeln für das Schlan-
gestehen hält (vgl. Mann 1969, S. 342 ff.). Könnte man als
Mensch nicht auf diese Stützen sozialer Erwartungen – man
könnte auch sagen: auf diese sozialen Strukturen – zurück-
greifen, wäre das Leben ziemlich kompliziert, wenn nicht gar
unmöglich.

Erwartungen dienen als Bezugspunkte für konkrete Handlungen, aber sie determinieren nicht, wie man handelt. Auch
wenn man weiß, dass man an einer Haustür grüßt, kann man
trotzdem auf diesen Gruß verzichten. Man muss dann aber
darauf eingestellt sein, als »Weirdo« – als Verrückter – betrachtet zu werden. Auch kann man versuchen, sich an einer Warteschlange vorbeizudrängeln. Aber vermutlich wird
man mit bösen Blicken, deutlichen verbalen Zurechtweisun-
gen oder einem kleinen Stoß darauf hingewiesen, dass man
gerade bewährte Erwartungen in Bezug auf das Verhalten in
Warteschlangen verletzt. Erwartungen haben also nicht die
Funktion, »bestimmte Handlungen präzise vorzuzeichnen«,
sondern sie liefern den »Spielraum für faktisches Verhalten«
(Luhmann 1964, S. 272). Kurz – man kann von sozialen Erwartungen abweichen, muss dann aber die Konsequenzen tragen.

Für die Bestimmung von Organisationskultur ist wichtig, dass sich Erwartungen in zwei unterschiedlichen Formen
ausbilden können – entweder, indem über diese Erwartungen
durch ein Management, einen Gesetzgeber oder ein Familien-
oberhaupt entschieden wird oder indem sich die Erwartungen, ohne dass sie jemals klar entschieden werden, allein
durch Imitationen und Wiederholungen einschleichen (siehe
Young 1989, S. 201). Ein einfaches Beispiel – bei Fußballspie-
len gibt es nicht nur die »geschriebenen Gesetze«, die in den
Regelbüchern der FIFA niedergelegt sind, sondern auch »un-
geschriebene Gesetze«. Man denke beispielsweise an die Erwartung, dass eine Mannschaft den Ball ins Aus spielt, wenn

ein gegnerischer Spieler sich verletzt hat. Dabei handelt es sich um eine Erwartung, die nicht durch die FIFA verbindlich entschieden wurde, sondern um eine, die sich als bewährt erwiesen und somit eingeschlichen hat.

Man kann sich den Unterschied an einem Bild deutlich machen. Bei der Anlage eines Parks trifft die Stadtverwaltung Entscheidungen, wo Wege angelegt werden. Über den Verlauf dieser Wege werden Erwartungen aufgebaut, wo die Parkbesucher zu gehen haben. Daneben bilden sich in Parks jedoch sehr schnell auch Trampelpfade aus. Über diese Trampelpfade wurde nie entschieden, sondern sie entstehen faktisch durch die wiederholte Nutzung durch Spaziergänger. Sind sie erst einmal kräftig ausgetreten, dann kann die Erwartung, diese Trampelpfade zu nutzen, ähnlich ausgeprägt sein wie die Erwartung, dass die durch die Stadtverwaltung angelegten »offiziellen« Wege zu nutzen sind.

Unter einer sozialen Struktur werden in der Systemtheorie Erwartungen verstanden, an denen sich Verhalten zu orientieren hat (Luhmann 1984, S. 398). »Alle Kontakte zwischen Menschen« werden, so Niklas Luhmann, »durch komplementäre Verhaltenserwartung gesteuert.« »Man muss in den durch die Erwartungen vorgezeichneten und akzeptierbaren Bahnen handeln«, sonst wird man »nicht verstanden und abgelehnt« (Luhmann 1964, S. 272). Gewisse Erwartungen werden dann als Verhaltensprämissen zum Beispiel in Organisationen, Protestbewegungen, Familien oder Freundesgruppen zu »Systemen zusammengestellt« und so »relativ enttäuschungsfest stabilisiert« (Luhmann 1972, S. 31).

Dabei bilden sich in den unterschiedlichen sozialen Systemen spezifische Erwartungen aus. Ohne ein wissenschaftliches Studium absolvieren zu müssen, weiß man, dass in Protestbewegungen andere Verhaltenserwartungen herrschen als in Familien, in Organisationen andere als in Freundesgruppen. Wenn man das nicht berücksichtigt und beispielsweise als pensionierter Unternehmenschef versucht, seine Familie wie ein Unternehmen zu führen, wird man von den anderen Familienmitgliedern darauf hingewiesen, dass man sich »komisch« verhält (siehe Loriot 1991). Sicherlich – es gibt Fälle von Überschneidungen, man denke nur Organisationen, die aus Protestbewegungen hervorgehen, an Freundesgruppen, die ein Unternehmen gründen, oder an Familienunternehmen, aber man kann in diesen sozialen Systemen genau beobachten, wie permanent austariert wird, welche Systemlogiken gerade gelten (siehe dazu Kühl 2015c).

In vielen sozialen Situationen bilden sich Erwartungen aus, ohne dass (viel) entschieden wird. Verliebte handeln in der Regel nicht ein Vertragswerk über den sozialen Umgang aus, bevor sie eine Beziehung eingehen. Formen des alltäglichen Umgangs miteinander, Arbeitsteilung im Haushalt oder sexuelle Praktiken schleichen sich bei ihnen als Erwartung ein und sind dann irgendwann nur noch schwer zu ändern. Auch Eltern-Kind-Beziehungen sind vergleichsweise wenig durch Entscheidungen gekennzeichnet. Zwar erkennt man bei Eltern immer wieder einmal Versuche, Regelwerke für das gemeinsame Zusammenleben festzulegen, aber die faktischen Verhaltenserwartungen bilden sich durch die häufig spontane Duldung oder Ablehnung des konkreten Handelns des Gegenübers aus.

Im Vergleich zu Liebespaaren oder Familien gibt es jedoch soziale Gebilde, die enorm entscheidungsfreudig sind: Organisationen. In ihnen werden permanent Entscheidungen getroffen, an die sich die Mitglieder zu halten haben, wenn sie Mitglied der Organisation bleiben wollen. Das Management legt fest, wer von wann bis wann in den Räumlichkeiten der Organisation anwesend sein muss, was während der Anwesenheit getan werden muss, auf welche anderen Organisationsmitglieder man zu achten hat und welche man ignorieren kann. Diese entschiedenen Mitgliedschaftsbedingungen machen die **formale Struktur** der Organisation aus. Man kann auch – etwas komplizierter ausgedrückt – von den entschiedenen Entscheidungsprämissen der Organisation sprechen.

Parallel bildet sich in Organisationen jedoch schleichend die **informale Struktur** – die Organisationskultur – aus. Dabei handelt es sich um Festlegungen, die nicht durch Entscheidungen eines Unternehmensvorstands, eines Parteitages oder eines Papstes zustande kommen, sondern die sich als Gewohnheiten herausgebildet und erfolgreich etabliert haben. Es geht dabei also nicht um das einmalige Improvisieren, um sich den Weg durch den Dschungel aus Vorschriften und Vorgaben zu bahnen, sondern eher um das Netzwerk bewährter kommunikativer Trampelpfade, die in einer Organisation immer wieder beschritten werden. Erst wenn die kurzfristige Abstimmung mit der Kollegin in der Nachbarabteilung nicht ausnahmsweise vorgenommen wird, sondern wiederkehrend als »kurzer Dienstweg« zur Abstimmung genutzt wird, hat man es mit organisationskulturellen Erwartungen – mit nicht entschiedenen Entscheidungsprämissen – zu tun (Rodríguez Mansilla 1991, S. 140 f.).

Es gibt verschiedene Gründe, weswegen sich organisationskulturelle Erwartungen ausbilden: So lassen sich nicht alle Erwartungen in Organisationen zu Mitgliedschaftsbedingungen erheben. Gerade wenn es um Einstellungen, Haltungen und Denkstile geht, ist die Formulierung als Mitgliedschaftsbedingung schwierig, wenn nicht unmöglich. Man muss sich nur die verzweifelten Versuche von Beratern und Personalentwicklern ansehen, ihren Klienten Kreativität, Spontanität oder Authentizität beizubringen. Hier spielt die subtile Beeinflussung durch informale Erwartungen – die Organisationskultur – eine zentrale Rolle. In der Organisationswissenschaft ist dann von **unentscheidbaren Entscheidungsprämissen** die Rede (Kühl 2011, S. 118). Es gibt aber auch Erwartungen, die zwar prinzipiell formalisierbar sind und deren Einhaltung kontrollierbar wäre, auf deren Formalisierung die Organisation aber – bewusst oder unbewusst – verzichtet. In der Organisationswissenschaft werden sie als **prinzipiell entscheidbare, aber nicht entschiedene Entscheidungsprämissen** bezeichnet (Kühl 2011, S. 119). Deren Herausbildung hängt damit zusammen, dass Organisationen mit widersprüchlichen Anforderungen konfrontiert sind, die nicht durch Entscheidungen auf der Formalebene gelöst werden können. In Organisationen kann es – so eine frühe Beobachtung von Niklas Luhmann – immer nur *eine* »konsistent geplante, legitime formale Erwartungsordnung« geben (Luhmann 1964, S. 155). Da Organisationen auf widersprüchliche Anforderungen reagieren müssen, aber gleichzeitig darauf achten müssen, dass die Mitglieder mit einer konsistenten und deswegen weitgehend widerspruchsfreien formalen Struktur konfrontiert werden, bleibt ihnen nichts anderes übrig, als Informalität, ja teilweise sogar Illegalität zu tolerieren oder sogar zu fördern (Luhmann 1964, S. 86).

1.2 Typen organisationskultureller Erwartungen

In Organisationen bilden sich Erwartungen in Form von drei Strukturtypen aus: **Programme** bündeln Kriterien, nach denen entschieden werden muss. Dazu lassen sich beispielsweise betriebswirtschaftliche Zielsysteme, Dienstanweisungen, EDV-Programme oder die Policies zählen. Mit ihnen wird festgelegt, welches Handeln in Organisationen als richtig oder als falsch anzusehen ist. **Kommunikationswege** legen fest, auf welche Art und Weise man in der Organisation kommunizieren kann oder muss. Über Kommunikationswege wird eine kleine Anzahl legitimierter Kontakte zugelassen, an die sich die Mitglieder zu halten haben, wenn sie ihre Mitgliedschaft nicht aufs Spiel setzen wollen. **Personal** ist der dritte Typus von Erwartungsbildung in Organisationen. Es macht für zukünftige Entscheidungen einen Unterschied, welche Person oder welcher Typus von Person auf einer Position etabliert wurde, und man kann die Entscheidungsprämisse Personal durch Entscheidungen zum Beispiel über Personaleinstellungen, Versetzungen oder Qualifikationen beeinflussen. Bei allen drei Typen der Erwartungsbildung finden sich sowohl formale als auch informale Ausprägungen.

Über **Programme**, den ersten grundlegenden Strukturtypus, bestimmt eine Organisation, unter welchen Bedingungen Entscheidungen als richtig akzeptiert werden. Die Orientierung an den formalen Programmen wird in der Organisation zur Mitgliedschaftsbedingung erhoben. Ein Verbleib in der Organisation wird faktisch unmöglich, wenn man diese Programme offen ablehnt. Eine erste Möglichkeit zur formalen »Programmierung einer Organisation« ist die Festlegung von Konditionalprogrammen, darunter fallen Arbeitsprozesse, Abläufe in der Organisation oder EDV-Systeme. Dabei handelt es sich um Wenn-dann-Programme, über die genau festgelegt wird, welche Reaktionen auf einen Input zu erfolgen haben. Eine zweite Möglichkeit ist die Festlegung von Zweckprogrammen in Form von betrieblichen Zielsystemen, strategischen Zielsetzungen oder Zielvereinbarungen. Dabei wird festgelegt, welche Zwecke beziehungsweise Ziele zu erreichen sind, die Wahl der Mittel zu deren Erreichung ist aber weitgehend freigestellt (zur Unterscheidung Luhmann 1973, S. 101 ff.; Luhmann 2000, S. 263 ff.).

Die formale Programmierung von Organisationen ist jedoch nicht ohne Risiko. Das erste Problem ergibt sich daraus, dass formale Programme zwangsläufig nicht immer situationsangemessen sind. Es ist faktisch nicht möglich, alle Situationen zu antizipieren und dafür jeweils spezielle Regeln festzulegen. Eine strikte Befolgung von Programmen droht deswegen die Organisation zu blockieren. Man muss nur für die Dauer eines Arbeitstages versuchen, sich alle relevanten Regeln klarzumachen und sich dann sklavisch daran zu halten. Man wird mit diesem kleinen Krisenexperiment eine steigende Frustration der Kollegen über das übertriebene »formalistische Verhalten« beobachten können. Das zweite Problem ist, dass die formal festgelegten Programme maßgeblich beeinflussen, wie Organisationen ihre Umwelt wahrnehmen (vgl. Luhmann 1970, S. 8). Dahinter steckt der inzwischen in der Organisationsforschung weitgehend akzeptierte Gedanke, dass die Struktur einer Organisation maßgeblich ihre Wahrnehmung der Umwelt prägt (vgl. grundlegend Weick 1995). Die Programme einer Organisation wirken wie Filter, durch die nur die anschlussfähigen Informationen hindurchgelassen werden. Das bestätigt die Organisation darin, dass sie mit ihrer aktuellen Organisationsstruktur richtigliegt, und die bewährt erscheinenden Programme werden weiter verfestigt und verfeinert. Es entstehen wahre Zirkel der Selbstbestätigung, in denen die Organisation die durch die eigene Begrenztheit wahrgenommene Umwelt immer wieder als Bestätigung für die eigene Funktionsweise begreift (vgl. dazu Kühl 2015a, S. 43 ff.).

Aus diesen Gründen ist es funktional, dass Organisationen neben den formalen Programmen auch informale Programme ausbilden. Bei informalen Konditionalprogrammen handelt es sich um eingespielte Routinen, über die nie zentral entschieden wurde – um den Trick, sich am Ende eines Arbeitstages kurz auszustempeln, um danach weiterzuarbei-

ten, ohne gegen gesetzliche oder betriebliche Arbeitszeitrege-
lungen zu verstoßen, um die genau geregelte Handhabung
von schwarzen Kassen oder Reptilienfonds in Organisationen oder um die von vielen Parteien praktizierte illegale Ver-
pflichtung der Abgeordneten, einen Teil ihrer Diäten an die
Partei abzuführen. Bei informalen Zweckprogrammen handelt es sich um Ziele, die nicht als formale Erwartung formu-
liert werden. Es handelt sich um die Bearbeitung von Auf-
trägen einiger spezieller Kunden, die jenseits aller Regeln
bevorzugt behandelt werden, oder die geheime Entwicklung
von Mikrochips, Medikamenten oder auch ganzer Autos, für
die es nie einen offiziellen Auftrag der Konzernspitze gegeben hat.

Organisationen entscheiden über **Kommunikationswege**,
den zweiten grundlegenden Strukturtypus, indem sie Hierarchien, Mitzeichnungsrechte und Projektstrukturen festlegen. Durch das Festlegen von formalen Kommunikationswegen werden die Möglichkeiten zur Kommunikation in der
Organisation erst einmal stark eingeschränkt. Lediglich eine
kleine Anzahl legitimierter Kommunikationswege ist zugelassen, auf denen sich die Mitglieder zu bewegen haben, wenn
sie ihre Mitgliedschaft nicht aufs Spiel setzen wollen. Jede
Organisation schränkt also erst einmal eine »Grundbedin-
gung menschlicher Möglichkeiten« ein, nämlich die, dass
»jeder mit jedem immer über alles kommunizieren kann«
(Luhmann 1970, S. 7).

Organisationen können sich aber nicht allein auf ihre formalen Kommunikationswege verlassen, weil sich darüber
nicht alle Kommunikationsnotwendigkeiten befriedigen lassen. Man muss sich nur vorstellen, was passieren würde, wenn
sich alle Organisationsmitglieder strikt an die formal vorgegebenen Kommunikations- und Entscheidungswege halten
würden. Organisationsspitzen würden nur über die ihnen
direkt unterstellten Stellen über relevante Ereignisse infor-

miert werden, bei der hierarchischen Kommunikation könnten die direkten Vorgesetzten nicht übersprungen werden, und die Abstimmung über Abteilungsgrenzen hinweg dürfte nur über die in der Regel an der Spitze konzentrierten verantwortlichen Stellen stattfinden. Die Folge wäre eine enorme Verlangsamung der Kommunikations- und Entscheidungsprozesse, die letztlich die Existenz der Organisation gefährden würde.

In jeder Organisation bilden sich deswegen zwangsläufig informale Kommunikationswege aus. So finden sich in Organisationen mit nach funktionalen, regionalen oder kundenspezifischen Gesichtspunkten eingerichteten Abteilungen häufig jenseits der formal vorgeschriebenen Kommunikationswege auch informal verkürzte Kommunikationswege – die bekannten »kurzen Dienstwege« –, über die eine schnelle Abstimmung über Abteilungsgrenzen hinweg möglich ist. Bei Organisationen mit vielen Hierarchiestufen gibt es die Tendenz, zur Beschleunigung der Abstimmungsprozesse den direkten Vorgesetzten zu überspringen und die Vorgehensweise sofort mit dem nächsthöheren Vorgesetzten abzustimmen. Bei Organisationen mit vergleichsweise wenigen Hierarchiestufen bilden sich dagegen oftmals ausgeprägte informale Führerschaften aus, die es ermöglichen, auch bei Abstimmungen zwischen Personen der gleichen Hierarchiestufe doch relativ schnell zu einer gemeinsamen Vorgehensweise zu kommen.

Beim **Personal**, dem dritten zentralen Strukturtypus in Organisationen, handelt es sich insofern um Strukturen, als Personalentscheidungen ein wichtiger Hebel dafür sind, welche Entscheidungen getroffen werden. Schließlich macht es für zukünftige Entscheidungen einer Organisation einen Unterschied, welche Person eine Stelle besetzt. Für Organisationen gibt es verschiedene formale Möglichkeiten, an der Stellschraube Personal zu drehen – über Einstellungen, Entlassungen, interne Versetzungen und Personalentwicklung (vgl. hierzu Luhmann 1971, S. 208). Es werden formale Anforderungsprofile für Stellen definiert, wirtschaftliche oder rechtliche Kriterien für Entlassungen definiert, offizielle Karrierewege festgelegt oder für alle Mitarbeiter verpflichtende Personalentwicklungsmaßnahmen entwickelt. Dadurch beschränkt sich eine Organisation erst einmal selbst in ihren Möglichkeiten der Personalrekrutierung und Personalverschiebung, schafft damit aber überhaupt erst die Basis, Tausende oder Zehntausende von Personen in eine Organisation zu integrieren.

Über die formalen Stellschrauben im Bereich Personal ist es häufig aber nur begrenzt möglich, eine Organisation in die Lage zu versetzen, alle Positionen mit dem »richtigen Personal« zu besetzen. Organisationen würden zwangsläufig zu suboptimalen Personalentscheidungen kommen, wenn sie sich bei der Personalrekrutierung lediglich an den formalrechtlich geprägten Ansprüchen von Personalabteilung und Personalrat ausrichten würden. Die Einarbeitung neuer Mitarbeiter wäre unzureichend, wenn sie lediglich über die formalen Erziehungsversuche der Personalentwicklung laufen würde. Hierarchische Personalverschiebungen, die sich lediglich an den strikt vorgegebenen Karrierepfaden der Personalabteilung orientieren würden, würden zu nicht immer dem jeweiligen Stellenprofil entsprechenden Personalbesetzungen führen.

Auch im Personalbereich bilden sich deswegen informale Entscheidungsprozesse aus. Neben den offiziellen Ausschreibungsbedingungen wird bei der Stellenbesetzung auch auf formal nicht oder nur begrenzt spezifizierbare Kriterien wie soziale Anpassungsfähigkeit, persönliche Kontaktnetzwerke, Gewerkschaftsmitgliedschaft oder politische Affinitäten geachtet. Die offiziellen Karrierewege werden ergänzt durch inoffizielle Karrierewege, über die Personen an den von der Personalabteilung festgelegten formalen Standards vorbei nach

oben gezogen werden können. Für die Anpassung des Personals an die Ansprüche der Organisation ist die informale
Sozialisation im Arbeitsprozess durch die Kollegen wichtiger
als die Erziehung durch die formal definierten Personalentwicklungsmaßnahmen. Und bei Entlassungen werden neben
den offiziellen, vor Arbeitsgerichten plausibilisierbaren Kriterien häufig auch inoffizielle, nicht offen thematisierbare Kriterien herangezogen.

1.3 Die drei Seiten von Organisationen

Um die Kultur einer Organisation genauer begreifen zu können, ist es notwendig, drei Aspekte systematisch auseinanderzuhalten (siehe dazu ausführlich Kühl 2011, S. 89 ff.). Bei der
formalen Seite handelt es sich um das offizielle Regelwerk, an
das sich die Mitglieder gebunden fühlen müssen. Es sind die
Mitgliedschaftsbedingungen, die man erfüllen muss, wenn
man Mitglied bleiben will. Die **informale – organisationskulturelle – Seite** einer Organisation besteht aus eingeschliffenen Praktiken, aus gepflegten Kniffen zur Arbeitserleichterung und aus regelmäßigen Abweichungen von den formalen
Regeln. Bei der **Schauseite** handelt es sich um die Fassade der
Organisation. Sie soll durch ihre Ausschmückungen, durch
ihre Ornamente oder auch nur ihre Ebenmäßigkeit etwas darstellen (vgl. Rottenburg 1996, S. 191 ff.). Organisationen präsentieren nach außen eine möglichst attraktive »Fassade«, um
auf diese Weise die Gunst der Kunden zu erlangen, eine positive Grundhaltung der Massenmedien ihnen gegenüber zu erzeugen oder Legitimation durch politische Kräfte zu erhalten.
    Wenn man Organisationen mit der notgedrungen vereinfachenden Metapher des menschlichen Körpers beschreiben möchte (siehe zu Organisationsmetaphern generell Morgan 1986), dann bestehen sie nicht nur aus einem Skelett – der

Grafik 1　Die Strukturmatrix zur Analyse von Organisationen

Organisationskulturen erarbeiten

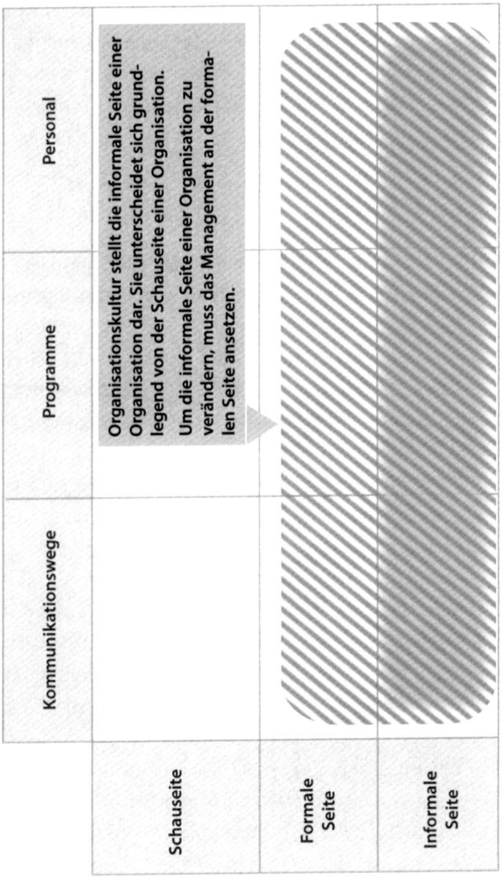

	Kommunikationswege	Programme	Personal
Schauseite		Organisationskultur stellt die informale Seite einer Organisation dar. Sie unterscheidet sich grundlegend von der Schauseite einer Organisation. Um die informale Seite einer Organisation zu verändern, muss das Management an der formalen Seite ansetzen.	
Formale Seite			
Informale Seite			

formalen Struktur –, sondern auch aus einem Nervensystem
– der informalen Struktur – und einer Haut – einer Struktur,
die die Schauseite darstellt, aber gleichzeitig auch den Körper
gegenüber der Umwelt schützt (siehe Krackhardt und Hanson 1993). Das Skelett erschließt sich zwar nicht sofort, kann
aber mit entsprechenden Hilfsmitteln gut sichtbar gemacht
werden. Das Nervensystem ist dagegen nur schwer erkenn-
bar, auch wenn es für den menschlichen Körper existenziell
ist. Die Haut ist das, was man sofort erkennt, wenn man einen Körper betrachtet, und wird deswegen auch mit Schmin-
ke oder Tattoos aufgehübscht.

Erst wenn man die drei Seiten der Organisation systematisch im Blick behält, kann man zwei grundlegende Fehler in
der Diskussion über Organisationskulturen vermeiden. Der
erste Fehler besteht darin, dass die informale – organisationskulturelle – Seite der Organisation nicht systematisch genug
mit der formalen Seite in Beziehung gesetzt wird. Selbst wenn
die informalen Programme, Kommunikationswege und Personalentscheidungen im Rahmen einer Kulturanalyse detailliert identifiziert werden, werden sie doch nicht immer mit
den formalen Programmen, Kommunikationswegen und Personalentscheidungen in Beziehung gesetzt. Es dominiert die
Vorstellung, dass man eine organisationskulturelle Struktur
begreifen kann, ohne im Detail erfassen zu müssen, wie sie
durch die formale Struktur geprägt ist, welche Lücken der formalen Struktur sie füllt und wo sie in Konflikt zur formalen
Struktur gerät. Der zweite Fehler besteht darin, dass in der
Diskussion über Organisationskulturen nicht grundlegend
zwischen der informalen – organisationskulturellen – Seite
und der Schauseite der Organisation unterschieden wird. Die
Vorstellung ist, dass die nach außen dargestellten Werte wie
Innovationsfähigkeit, Wettbewerbsfähigkeit und Konfliktfä-
higkeit weitgehend mit den auf der informalen Seite dominierenden organisationalen Handlungsnormen in Übereinstim-

mung gebracht werden können. Dabei wird jedoch übersehen, dass die Funktion der für die Produktion von Legitimität so wichtigen Schauseite eine ganz andere ist als die der informalen Seite, bei der es eher um die so wichtige Ausbildung von an alltägliche Probleme angepasste organisationskulturelle Verhaltenserwartungen geht.

Sicherlich – je nach Vorhaben werden unterschiedliche Seiten der Organisation in den Fokus genommen. Während es bei klassischen Reorganisationsprojekten in der Regel um die Veränderung der formalen Seite der Organisation geht und bei der Erstellung eines Leitbildes vorrangig um die Umarbeitung der Schauseite, rückt bei den an der Organisationskultur ansetzenden Projekten die informale Seite in den Mittelpunkt. Die Herausforderung besteht darin, jeweils alle drei Seiten mit ihren ganz unterschiedlichen Funktionen im Blick zu behalten.

2 Die Verlockungen und Grenzen eines zweckrationalen Ansatzes

Organisationskultur ist gestaltbar – das ist das Credo der Praktikerliteratur zu diesem Thema. Es sollen »sinnvermittelnde Maßnahmen« eingesetzt werden, durch die den Mitarbeitern die »Mission« ihrer Organisation nahegebracht werden soll. Die Mitarbeiter sollen an der Entwicklung eines Kulturleitbildes beteiligt werden, um gemeinsam über Veränderungen der Kultur der Organisation zu reflektieren. Die »Anreizsysteme« sollen so ausgerichtet werden, dass gleichzeitig Werte wie »Kundenorientierung«, »Kollegialität«, Innovationsbereitschaft«, »Qualitätsbewusstsein«, »Konfliktbewältigung« und »Gemeinschaftssinn« befördert werden. Eine »Rotation von Subkulturträgern« soll zur »Förderung der internen Kenntnis und Akzeptanz der subkulturellen Struktur« beitragen. »Interdisziplinäre Lerngruppenzusammensetzungen« sollen als »Maßnahme der Personalentwicklung« dazu dienen, um die propagierten Werte der Organisation in der Organisationskultur zu verankern (Bleicher 1986, S. 105). Der Phantasie scheinen bei den Vorschlägen zur Gestaltung zur Organisationskultur keine Grenzen gesetzt zu sein.

Dem Management wird eine zentrale Rolle bei der Etablierung der Organisationskultur zugeschrieben. Manager würden – so die Vorstellung – dadurch, dass sie die Werte glaub-

© Springer Fachmedien Wiesbaden GmbH, ein Teil von Springer Nature 2018
S. Kühl, *Organisationskulturen beeinflussen*,
https://doi.org/10.1007/978-3-658-20197-5_2

würdig vertreten und modellhaft vorleben, die Kultur der Organisation prägen (Doppler und Lauterburg 2002, S. 461). Über die Fragen, die sie ihren Mitarbeitern stellen, über die Themen, über die sie mit ihnen sprechen, und über die Probleme, die ihnen wichtig sind, könnten sie einen unmittelbaren Einfluss auf die Organisationskultur nehmen. Dabei sei es, so die Forderung in der Managementliteratur, sinnvoll, dass die Manager zwischen den verschiedenen Bereichen der Organisation rotieren, um so eine einheitliche Kultur in der Organisation zu etablieren. Auch könnten »Manager ohne Portfolio« – »Culture Evangelists« – ernannt werden, deren Aufgabe es sei, Fragen aufzuwerfen, Überzeugungen kritisch zu hinterfragen und neue Ideen vorzuschlagen (so Lorsch 1986, S. 105).

Gefordert wird, dass die Organisationen über »Kulturaudits« (so z. B. Solomon 2004) oder »Cultural Due Diligences« (z. B. Carleton und Lineberry 2010) die eigene Kultur – gerade auch im Vergleich zu Kulturen anderer Organisationen – bestimmen. Es komme darauf an, dass sich alle Organisationsmitglieder mit all ihren Stärken und Schwächen über die herrschende Organisationskultur verständigen. Durch die Verschriftlichung der Ergebnisse dieser »Kulturaudits« und »Cultural Due Diligences« würde für alle deutlich werden, welche kulturellen Grundüberzeugungen in der Organisation herrschen, und es könne erkannt werden, wo Veränderungen in der Kultur nötig seien. Man hofft, dass Organisationen durch diese Auseinandersetzung mit sich selbst auch zu grundlegendem Kulturwandel in der Lage sind.

2.1 Die Reaktivierung einer alten Steuerungshoffnung

Bei dem Ansatz zur Gestaltung der Organisationskultur handelt es sich letztlich um die Reaktivierung einer alten Steuerungsphantasie – den Traum des Managements, die informalen Netzwerke, die verdeckten Anreizstrukturen und impliziten Denkschemata in der Organisation so zu gestalten, dass sie die Organisation erfolgreicher machen. Schon der vor dem Zweiten Weltkrieg populär werdende »Human-Relation-Ansatz« war durch die Vorstellung dominiert, dass Organisationen zu einem Hort von Menschlichkeit und wirtschaftlicher Exzellenz werden, wenn die informale Struktur nur entsprechend gestaltet werde (vgl. zur Ähnlichkeit zu Organisationskulturkonzepten Ebers 1991). Man vertrat die Ansicht, dass die vielfältigen existierenden Aushandlungen, impliziten Abstimmungen, Ad-hoc-Vereinbarungen usw. durch das Management dann so kontrolliert werden können, dass letztlich alle davon profitieren würden (vgl. prominent Roethlisberger und Dickson 1939; Mayo 1948).

Wie bei anderen Managementmoden zu beobachten, wurde auch der Gedanke, dass der Erfolg von Organisationen in den informalen Netzwerken, den impliziten Normen und den grundlegenden Haltungen der Mitarbeiter liege, alle fünfzehn, zwanzig Jahre reaktiviert. So setzte sich Mitte der 1950er Jahre im Management immer mehr der Gedanke durch, dass der »Spirit of Organization« – der »Geist der Organisation« – eine zentrale Rolle für den Erfolg einer Organisation spiele (Drucker 1954). In Anschluss an die Bedürfnispyramide von Abraham Maslow (1954) wurde betont, dass es dem Menschen nicht allein auf die Befriedigung von Grundbedürfnissen wie Essen, Trinken und Schlafen ankomme, sondern auch Bedürfnisse nach Sicherheit, Anerkennung, Wertschätzung und Selbstverwirklichung eine wichtige Rolle spielten.

Betriebsklima und Arbeitsbedingungen wurden immer wichtiger.

In den 1980er Jahren wurden bei der »Suche nach Exzellenz« unter dem Begriff der Organisationskultur die »weichen Aspekte« als gestaltbare Erfolgsfaktoren ein weiteres Mal entdeckt (siehe prominent Peters und Waterman 1982; Deal und Kennedy 1982). Der Erfolg japanischer Unternehmen hatte den durch die USA geprägten Managementmythos zerstört, und die Organisationskultur asiatischer Firmen wurde als strategischer Vorteil identifiziert. Statt aber den Erfolg asiatischer Organisationen mit ihrer Verankerung in ihren Kulturtraditionen zu erklären, die bei amerikanischen und europäischen Organisationen nicht in gleicher Weise gegeben ist, wurde die Möglichkeit jeder einzelnen Firma betont, ihre Organisationskultur selbst zu gestalten (siehe prominent Ouchi 1981). Der »Corporate Culture«-Boom erfasste nicht nur Praktiker, sondern auch anwendungsnah arbeitende Forscher, die die Gestaltungshoffnungen des Managements in Bezug auf die Organisationskultur mit wissenschaftlichem Vokabular unterfütterten (prominent z. B. Schein 1985; Schein 1999; Schein 1996).

Mit der New-Economy-Welle Ende der 1990er Jahre wurde das Thema über die Kultur von Start-up-Unternehmen erneut reaktiviert. Berater bewerteten Organisationskultur als Erfolgsfaktor nicht nur für kleinere Face-to-Face-Organisationen, sondern auch für größere Unternehmen. Organisationen, die etwas auf sich hielten, richteten Positionen wie »Chief Culture Officer«, »Chief Happiness Officer«, »Director of People and Culture« oder »Feel-Good-Manager« ein. Dabei gab es Fehlzuschreibungen wie die Lobpreisung von Enron oder WorldCom als kulturelle Vorbilder, kurz bevor die Firmen in Konkurs gingen und deren Vorstandsmitglieder ins Gefängnis wanderten (siehe z. B. das Buch der McKinsey-Berater Foster und Kaplan 2001). Aber trotz des spektakulären Scheiterns einiger kultureller Vorreiterorganisationen gelang es, die Vorstellung des »culture matters« erfolgreich zu reaktivieren.

Mit der Popularität von New-Work-Ansätzen Anfang der 2010er Jahre hat auch das Thema Organisationskultur wieder Auftrieb erhalten. Im Windschatten von Managementmoden wie Agilität oder Holacracy, über die – wieder einmal – die Prinzipien der Entformalisierung, Enthierarchisierung und Dezentralisierung propagiert wurden, gewann auch das Thema Kultur erneut an Bedeutung. Weil Führungskräfte durch den Abbau von Hierarchien und die Dezentralisierung von Kompetenzen direkte Zugriffsmöglichkeiten verlieren würden, sei es umso wichtiger, ihnen mit der Gestaltung der Unternehmenskultur ein anderes Instrument an die Hand zu geben, um die Organisation steuern zu können.

Die zyklusmäßig wiederkehrende Popularität von Organisationskultur unter Managern kann als eine Reaktion auf wahrgenommene Steuerungsprobleme erklärt werden. Mit dem Begriff der Organisationskultur können Manager einerseits den klassischen Steuerungsvorstellungen abschwören, aber andererseits doch die Vorstellung einer, wenn auch schwerer zugänglichen, Steuerung von organisationaler Ordnung aufrechterhalten (Luhmann 2000, S. 239 f.). Weil die Organisationskultur eine »kollektive Programmierung des Geistes« (Hofstede 1980, S. 13) ermögliche, ließen sich, so die Vorstellung im Management, Organisationen auch bei zentrifugalen Kräften durch Dezentralisierung einheitlich ausrichten. Weil sich über die Organisationskultur die »Herzen, die Seele und der Geist« managen ließen (Deetz et al. 2000, S. 1), müssten Manager die Organisationen nicht mehr über hierarchische Weisungen und präzise Programmierungen zusammenhalten (Gagliardi 1986, S. 117 ff.). Letztlich gebe es – so die Vorstellung im Management – »keine effizientere Steuerung als eine ausgeprägte, in sich stimmige Unternehmenskultur« (Doppler und Lauterburg 2002, S. 452).

2.2 Charakteristika einer »gestaltbaren« Organisationskultur

Liest man die Berichte und Darstellungen über Projekte zur Veränderung von Organisationskulturen in Unternehmen, Verwaltungen, Krankenhäusern oder Schulen, dann zeichnen sich diese durch ein hohes Maß an Konsistenz, Schlüssigkeit und Rationalität aus. Unabhängig davon, ob es sich um die Einführung neuer Leitsätze für die Kooperation zwischen Abteilungen, die Etablierung einer Qualitätskultur oder die Entwicklung einer gemeinsamen Organisationskultur nach einer Fusion handelt – die Erfolgsgeschichten sind in der Regel dominiert von der Schilderung rational geplanter Reorganisation. Zwar wird von Hindernissen, Widerständen, Unwägbarkeiten und Unvorhergesehenem berichtet, aber diese Probleme werden in der Regel von den Kulturverantwortlichen durch einen plötzlichen Einfall, ein neu entwickeltes Instrument zur Kulturveränderung oder durch eine gewagte Intervention auf einer Culture-Change-Konferenz erfolgreich bewältigt. In einem gut geplanten und flexibel angelegten Prozess, so der Tenor der Darstellungen, seien die Beteiligten in der Lage, die Kultur gezielt zu verändern (Kühl 2010, S. 215).

Ein solches Kulturverständnis dient in der Regel einer Idealisierung der Zielkultur. Die Beschreibung der angestrebten Organisationskultur wird mit positiven Werten aufgeladen (Alvesson 2013, S. 202). Die Kultur der Organisation solle so wichtige Werte wie »Kundenorientierung«, »Mitarbeiterzufriedenheit«, »Qualitätsbewusstsein«, »Ergebnisverantwortung«, »Innovationsbereitschaft«, »offene Kommunikation«, »kollegiale Arbeitsweise«, »Konfliktbewältigungsbereitschaft« und »Gemeinschaftsgefühl« umfassen. Unterstellt wird dabei, dass die verschiedenen positiven Werte sich alle gegenseitig ergänzen. Eine große »Mitarbeiterzufriedenheit« führe zu einer verbesserten »Kollegialität«, was eine »verbesserte

Konfliktbewältigung« zur Folge habe, wiederum die »Innovationsbereitschaft« steigere und die »Kundenorientierung« verbessere, was sodann die »Mitarbeiterzufriedenheit« erhöhe. Alle guten Werte einer Organisation würden sich – frei nach dem Motto »all good things go together« (Huntington 1968, S. 4) – nicht nur sinnvoll ergänzen, sondern sie würden sich auch noch gegenseitig verstärken.

Auffällig ist dabei eine Vereinheitlichung der Zielkultur (Alvesson 2013, S. 202). Die Vorstellung ist, dass die Identifikation aller Organisationsmitglieder mit den gleichen Werten und die dadurch entstehende »starke Organisationskultur« maßgeblich zum Erfolg einer Organisation beitragen (siehe zu dem Ansatz nur beispielhaft aus unzähligen ähnlichen Büchern Sackmann 2006; Taylor 2015; Connors und Smith 2012; siehe dazu Grubendorfer 2016b, S. 72 f.). Das bedeutet nicht zwangsläufig ein harmonistisches Verständnis von Kultur. Es wird sehr wohl zugestanden, dass es unterschiedliche Subkulturen in der Organisation gibt. »Diversität« ist inzwischen ein so breit akzeptierter Wert, dass sogar in Organisationen, die durch weiße, männliche, ältere Personen geprägt sind, darauf geachtet wird, dass öffentlich verwendete Fotos einen vielfältigen Mix aus Altersgruppen, Geschlechtern und ethnischen Herkünften zeigen, um so organisationale Vielfalt zu suggerieren, nach dem Motto: Gerade die Verschiedenheit macht das Gemeinsame der Organisation aus.

Ein weiteres Merkmal ist die Betonung der Einzigartigkeit der eigenen Organisationskultur. Darin liegt vielleicht die einzige kleine Akzentverschiebung, die mit der in der Managementliteratur zu beobachtenden Bevorzugung des Begriffs der Organisationskultur gegenüber dem als »zopfig« geltenden Begriff der Informalität einhergeht. Mit dem aus der Anthropologie stammenden Begriff der Kultur wird stärker als beim Begriff der Informalität auf die Besonderheiten einzelner »exzellenter Unternehmen« gegenüber den vielen weniger exzel-

lenten Unternehmen abgezielt. Das »Andere«, darauf verweist
Mats Alvesson, wird als Vergleichspunkt genutzt, um seine eigene Besonderheit herauszustellen (Alvesson 2013, S. 203).
Die Betonung der Einzigartigkeit mag überraschen, weil sich
Organisationen bei der Bestimmung von Zielkulturen über-
raschend ähnlich sind. Solche Werte wie »Kundenorientierung«, »Mitarbeiterzufriedenheit«, »Qualitätsbewusstsein«,
»Ergebnisverantwortung«, »Innovationsbereitschaft«, »offene Kommunikation«, »kollegiale Arbeitsweise«, »Konfliktbewältigungsbereitschaft« und »Gemeinschaftsgefühl« finden sich inzwischen in der Bestimmung der Zielkultur fast
jeder Organisation von Schweden bis Simbabwe und von
Chile bis Nordkorea. Bei der Bestimmung der eigenen Kultur
werden aber – zur Verdeutlichung der eigenen Kultur – klare
Abgrenzungen zu anderen Kulturen vorgenommen. Man stellt
seine eigene »unternehmerische Kultur« der »bürokratischen
Kultur« anderer Unternehmen gegenüber, oder man betont
die »menschenzentrierte Kultur« des eigenen Unternehmens
gegenüber der »anonymen Kultur« anderer Unternehmen.
Häufig wird mit vereinfachten Beschreibungen gearbeitet,
und die Unterschiede werden übermäßig stark herausgestellt,
um die eigene Kultur in ihrer Einzigartigkeit besonders schil-
lern zu lassen.

Letztlich handelt es sich bei diesem Zugang zur Organisationskultur um eine simplifizierte Variante des zweckrationalen Organisationsmodells. Beim klassischen zweckrationalen
Verständnis von Organisationen wird noch davon ausgegangen, dass die Differenz zwischen dem Ist-Bild und dem Ziel-
Bild durch eine maschinenartige Konstruktion der Organisation überwunden werden könne. Organisationen müssten
sich wie Maschinen an einem eindeutig definierten Zweck
orientieren und alle Mittel auf diesen einen Zweck ausrichten.
Organisationen seien – so das klassische zweckrationale Verständnis – wie Maschinen ein in sich geschlossenes Ganzes,

das sich aus präzise definierten Einzelteilen zusammensetzt (Bardmann 1994, S. 260 f.).

Bei Kulturprozessen wird eine Abkürzung gegenüber dem klassischen zweckrationalen Modell vorgeschlagen. In Prozessen zur Gestaltung der Organisationskultur würden Mitarbeiter gemeinsam an einer »Zielkultur« arbeiten, in der die Formen der Konfliktaustragung, der Kooperation und der Verantwortungsübernahme festgelegt werden, um die Zwecke der Organisation zu erreichen. In Abgrenzung von einer »Ist-Kultur«, die durch Kooperationsschwierigkeiten, Abstimmungskonflikte und Machtkämpfe gekennzeichnet ist, wird eine »Zielkultur« geschaffen, die die Sehnsucht der Manager nach Organisationen als stimmige und harmonische Gesamtkunstwerke befriedigt. Zur Erreichung dieser Zielkultur wird dann an den »weichen Faktoren« gearbeitet (dazu aufschlussreich Grubendorfer 2016a, S. 52) – wie lassen sich Spielregeln der Zusammenarbeit zwischen Führungskräften und Mitarbeitern zur Zufriedenheit aller gestalten, welche Signale können über eine (punktuelle) Ermöglichung einer legereren Kleiderordnung gesetzt werden, wie können gemeinsame Aktivitäten wie Betriebsfeiern, Gesangsrunden, Firmenläufe, Golfturniere und Kilimandscharo-Besteigungen den Zusammenhalt stärken, wie kann eine Verbesserung der Kaffeequalität die Kreativität steigern, und wie kann die Möglichkeit zur Mitnahme von Katzen, Hunden oder Pferden an den Arbeitsplatz den kollegialen Umgang verbessern? Letztlich würden – so die Hoffnung – die in einem Kulturprozess herausgearbeiteten und durch Kulturmaßnahmen unterstützten Wertvorstellungen direkt auf das Verhalten der Mitarbeiter durchschlagen, was ein maschinenartiges, präzises Regelwerk in diesem Bereich überflüssig mache.

2.3 Das Scheitern von Kulturprogrammen

In der Außendarstellung werden Projekte zur Organisationskultur in der Regel als große Erfolge gefeiert. Es wird so getan, als ob die wohlklingenden Wertekataloge, die im Rahmen
des Kulturprozesses erstellt worden sind, in die Organisation
eingesickert seien. Gerade die für Kulturprozesse Verantwortlichen geben sich überzeugt, dass die Formulierung einer
neuen attraktiven Zielkultur zu einer faktischen Veränderung
des Handelns in der Organisation geführt habe. Hinter vor-
gehaltener Hand wird aber häufig über die Wirkungslosig-
keit der Kulturvorhaben geklagt. Die Organisation sei – so die
häufig zu hörende Klage – lediglich bunter angemalt worden,
ohne dass sich in der alltäglichen Zusammenarbeit irgend-
etwas geändert hätte. Der Organisationsberater Tom Peters,
der in seinen jungen Jahren noch unter dem Namen Thomas
Peters maßgeblich daran beteiligt war, dass bei der »Suche
nach Exzellenz« mal wieder die Kultur entdeckt wurde, be-
klagte später, dass über 90 Prozent des Geldes, das für Kulturmaßnahmen in Form von Training und Beratung ausge-
geben werde, nutzlos versickern würde (zitiert nach Bate 1997,
S. 1049 f.) Womit hängt diese Unzufriedenheit mit Kulturpro-
grammen zusammen?

Letztlich haben die mit Definitionen wie »Zielkulturen«
arbeitenden Kulturprogramme mit ihrer harmonistisch-hu-
manistischen Prosa vorrangig Effekte auf der Schauseite der
Organisation. Nun darf man die Funktion dieser Schauseite für Organisationen nicht unterschätzen. Jede Organisation
ist darauf angewiesen, ihrer Umwelt eine geschönte Darstel-
lung zu bieten. Widersprüchliche Anforderungen, die aus der
Umwelt an die Organisation herangetragen werden, müssen
durch die Präsentation wohlklingender Wertelisten wenigs-
tens teilweise befriedigt werden. Interne Konflikte müssen
gegenüber der Umwelt verborgen werden, weil ihr Bekannt-

werden zu deren weiterer Verschärfung führen würde. Auch
innerhalb von Organisationen sind Abteilungen oder Hierarchiestufen darauf angewiesen, Schauseiten aufzubauen. Abteilungen präsentieren sich anderen Abteilungen gegenüber
als auf das Organisationsziel ausgerichtet, effizient durchorga-
nisiert und weitgehend konfliktfrei. Und auch Mitarbeiter einer Hierarchiestufe bauen gegenüber anderen Hierarchiestufen Schauseiten auf. Man braucht sich nur anzusehen, wie
über Sachfragen zerstrittene Vorstände versuchen, Mitarbeitern unterer Hierarchiestufen gegenüber ein harmonisches
Bild abzugeben, und welche Bemühungen auf den unteren
Hierarchiestufen vorhanden sind, die abweichenden Zielsetzungen, Fettpolster und internen Konflikte gegenüber den
Vorständen zu verbergen.

   Die Belegschaft hat für die lebensnotwendige »Scheinhei-
ligkeit« von Organisationen sowohl im Außen- als auch im
Innenverkehr in der Regel Verständnis (dazu Brunsson 1989).
Mitarbeiter aller Hierarchiestufen wissen sehr genau, dass
sich sowohl die Organisation als Ganzes als auch einzelne Abteilungen »aufhübschen« müssen, um gegenüber der Öffent-
lichkeit gut dazustehen, qualifiziertes Personal auf dem Ar-
beitsmarkt zu erhalten und von anderen Organisationen als
respektabler Kooperationspartner wahrgenommen zu werden. Kulturprozesse aber sind für eine solche Art von Schau-
seitenmanagement nicht geeignet, weil sie sich vom Anspruch
her vorrangig nach innen und nicht nach außen richten.

   Mitarbeiter haben ein feines Gespür für die Unterschiede zwischen den auf der Schauseite präsentierten Werteka-
talogen und der in der Organisation faktisch dominierenden
Kultur. Die Beschäftigten eines Bahnunternehmens nehmen
wahr, wenn ein Plakat mit einem in einer wunderschönen
Schneelandschaft fahrenden Zug mit dem Spruch »Alle reden
vom Wetter, wir nicht« unterlegt wird, intern aber wegen der
Anfälligkeit der Züge von »Frühling, Sommer, Herbst und

Winter« als den »vier Feinden des Eisenbahners« gesprochen
wird (Dell 2005). Mitarbeiter nehmen die Differenz wahr,
wenn eine Bank sich in ihren Selbstbeschreibungen als »exzel-
lent« lobt, obwohl sich hinter der »Exzellenzfassade« faktisch
eine »Kultur der permanenten Beschwerden« ausgebildet hat
(Weeks 2004). Und es bleibt nicht folgenlos, wenn auf der einen Seite in den offiziellen Kulturprozessen die Integrität der
eigenen Geschäftspraktiken gilt, aber alle Mitarbeiter wissen,
dass die faktische Erwartung an sie darin besteht, Kunden zu
bestechen, wenn ein Auftrag anders nicht zu bekommen ist
(Dombois 2009).

Insofern reagiert die Basis auf die von oben angelegten
Programme zur Organisationskultur, die mit entsprechenden
Verhaltensanforderungen an die Mitarbeiter herangetragen
werden, mit Zynismus (siehe zum Folgenden Grey 2013, S. 69).
Wenn in einem partizipativen Prozess von einer Supermarkt-
kette herausgearbeitet wird, dass »Kundenorientierung« ein
zentraler Wert der Organisation sein sollte, dann lächeln die
Verkäufer und das Personal an der Kasse nicht deswegen Kunden an, weil sie diesen Wert verinnerlicht haben, sondern weil
sie sich der Überwachung durch Kameras und durch die von
der Firmenzentrale entsandten »mystery shoppers« bewusst
sind (Ogbonna und Wilkinson 1990). Wenn in einem Call-
center versucht wird, die Monotonie der Tätigkeit dadurch zu
bekämpfen, dass eine bei Internet-Start-ups bewährte Organisationskultur der »Verspieltheit« etabliert wird, dann führt
das nicht zwangsläufig zu einem freundlicheren Verhalten gegenüber Kunden. Ein von oben angeregter »Fancy Dress Day«,
an dem sich alle Mitarbeiter aufbrezeln sollen, wird von ihnen als »cheesy« wahrgenommen. Ressentiments gegenüber
der verordneten »Fun-Kultur« führen zu einer noch größeren
Distanzierung der Mitarbeiter gegenüber dem Unternehmen
(Fleming 2005). Kulturprogramme der »verordneten Freund-
lichkeit« und »angewiesenen Spielfreude« führen dazu, dass

die Mitarbeiter noch subtilere Mechanismen entwickeln, um »Rollendistanz« gegenüber der als stupide empfundenen Tätigkeit zu zeigen.

Aber das muss an sich kein Problem sein. Viele Organisationen sind in der Lage, ein hohes Maß an Zynismus zu ertragen. Das Hauptproblem dieser durch Steuerungshoffnungen getriebenen Kulturprozesse ist ein anderes – sie kaschieren die faktisch existierende Kultur einer Organisation. Es ist interessant, dass Automobilunternehmen Dutzende von Kulturprozessen durchführen, ohne dass auch nur einer so weit in die Tiefe gegangen wäre, dass dabei hätte diskutiert werden können, wie verschiedene Bereiche vorrangig mit kreativen Gesetzesinterpretationen die ambitionierten Zielvorgaben des Konzernvorstandes bei der Abgasreinigung erfüllen konnten. Es fällt auf, dass Elektronikkonzerne, getrieben von Entlassungswellen, verschiedene Programme zur Etablierung einer Vertrauenskultur auflegten, ohne dass dabei ein einziges Mal thematisiert wurde, dass Personenvertrauen schon vor Einführung der Kulturprogramme bereits in den Bereichen erfolgreich existierte, in denen systematisch Schmiergelder eingesetzt wurden, um Aufträge zu erhalten (siehe Bohn 2007).

Die Aussage, dass viele Kulturprogramme zur Kaschierung der Organisationskultur beitragen, mag überraschen, schließlich besteht der Anspruch dieser Programme ja gerade darin, die existierende Organisationskultur aufzudecken. Aber schon ein Blick auf die typischen Werkzeuge, die zur Analyse und Veränderung von Kulturen angeboten werden, macht deutlich, wie es faktisch zur Kaschierung der existierenden Kultur durch die Kulturprogramme kommt.

Ein beliebtes Instrument, mit dem die Kultur einer Organisation erhoben wird, ist das Arbeiten mit Metaphern. In Workshops im Rahmen von Kulturaudits wird gern gefragt, welches Tier die Organisation am besten charakterisieren würde – ein Elefant, ein an sich gutmütiges Tier, das aber aggressiv wird, wenn es gereizt wird, ein Krokodil, das apathisch im Fluss liegt, aber eiskalt zuschnappt, wenn sich eine Möglichkeit ergibt, oder eine Hyäne, die, auf sich allein gestellt, in ihren Jagdmöglichkeiten begrenzt ist, aber in Kooperation mit anderen Hyänen in der Lage ist, auch größere Tiere zu erlegen? Oder man fordert die Mitarbeiter in Workshops auf, sich unter der Anleitung von Kulturexperten vorzustellen, wie die Organisation als Person aussehen würde – wie ein narzisstischer 45-jähriger Mann, der von sich selbst eingenommen ist und überhaupt nicht bemerkt, wie sich seine Umwelt von ihm abwendet, wie eine toughe, dynamische Frau um die dreißig, bei der äußerlich alles passt, die aber eine tiefe Unsicherheit verbirgt, oder wie ein in die Jahre gekommener 60-Jähriger, der versucht, durch Kleidung und Haltung noch jugendlich zu wirken (siehe Höfler 2014)? Oder man fordert die Teilnehmer eines Workshops auf, zu assoziieren, welcher Gebäudetyp die eigene Organisation am besten charakterisiert – beispielsweise eine durch Sicherheit geprägte »Festung«, ein durch Spektakel geprägtes »Theater« oder ein durch ein Schonklima geprägtes »Sanatorium« (siehe Glasl 2004). Diese Metaphern haben sicherlich den Charme, dass sie gut im organisationalen Gedächtnis verfangen. Man vergisst es nicht, wenn die eigene Organisation einmal als »Hyäne«, als »alte Frau« oder als »Sanatorium« bezeichnet wurde. Aber gerade die Nutzung griffiger Metaphern führt dazu, dass man eben nicht in die Details konkreter Praktiken der Organisation geht. Gerade weil sie Assoziationen zu fremden Kontexten herstellen, stoßen Metaphern bei der Konkretisierung von Sachverhalten sehr schnell an ihre Grenzen.

Ein weiteres Instrument besteht darin, die Kultur einer Organisation in ein besonders in der Betriebswirtschaftslehre beliebtes Vierfelder-Schema zu pressen. Dabei steht jedes dieser vier Felder für eine mögliche kulturelle Ausprägung einer Organisation, die jeweils mit einem oder zwei Worten beschrieben wird. So wird eine übertriebene »Spekulations-kultur« einer kurzfristig orientierten »Verkaufskultur«, eine risikoaffine »Investitionskultur« einer starren »Verwaltungs-kultur« gegenübergestellt (siehe dazu Deal und Kennedy 1982). Oder es wird eine durch den Wunsch nach Kon-sens entstandene »clanartige Kultur« zu einer dynamischen »adhokratischen Kultur«, einer formal ausgerichteten »hier-archischen Kultur« oder einer »marktorientieren Kultur« in Relation gesetzt (siehe dazu Cameron und Quinn 1999). Oder man kontrastiert eine an finanziellen Zielen ausgerichtete »marktorientierte Kultur« mit einer »bürokratischen Kultur«, eine durch geteilte Werte gekennzeichnete »unterstützte Kul-tur« mit einer experimentierfreudigen »innovativen Kultur« (siehe dazu Cardador und Rupp 2010). In simpleren Varian-ten dieser Vierfelder-Schemata wird immer deutlich, dass ei-nes dieser vier Felder für die Organisation besser ist als alle anderen, bei den intelligenteren Varianten wird betont, dass keine dieser auf ein oder zwei Begriffe reduzierten Kulturen per se besser erscheint als eine andere, sondern dass die Or-ganisationen auf die »richtig Passung« zwischen ihrer Strate-gie und ihrer Kultur achten sollten. Der Charme dieser Be-stimmung von Kulturen aufgrund von Vierfelder-Schemata ist, dass Berater durch Befragungen von Mitarbeitern mithil-fe von standardisierten Fragebögen schnell eine quantitati-ve Bestimmung sowohl einer vermeintlichen »Istkultur« als auch einer angestrebten »Sollkultur« erstellen und dann vi-suell darstellen können. Solche Methoden lassen sich gut nut-zen, wenn man einen Diskurs über Werte in der Organisation initiieren will. Für die Abbildung von kulturellen Normen ist ein solches Denken in zwei Dimensionen und vier Feldern zu wenig komplex, ja weitergehend – durch die Zuspitzung auf allgemeine Werte – wird die Analyse der faktischen organisa-tionskulturellen Normen tendenziell ausgeblendet.

Verstärkt wird die Abdunkelung der faktisch existierenden

Organisationskultur durch die bei Kulturberatern beliebten Diskrepanzanalysen (siehe dazu Sackmann 2006). Bei diesen sogenannten »Gap-Analysen« – Lückenanalysen – geht es darum, die Kluft zwischen einem Istzustand und einem Sollzustand quantitativ zu erfassen. Dabei können die Daten entweder durch eine quantitative Befragung der Mitarbeiter über den von ihnen wahrgenommenen Istzustand und den gewünschten Sollzustand oder durch eine Erhebung des Istzustandes über die Beobachtung von Sitzungen, Konferenzen und Kaffeepausen und des Sollzustandes über die Analyse von Leitbildern, Führungsgrundsätzen, Imagebroschüren und Geschäftsberichten erhoben werden. Die Ergebnisse werden dann in Spinnendiagrammen aufbereitet, in denen die Diskrepanz zwischen dem Istzustand und dem gewünschten Zustand dargestellt wird. Die Ergebnisse lesen sich wie ein in Zahlen ausgedrückter Wunschkatalog für mehr »offene konstruktive Kommunikation«, »Lernorientierung«, »Mitarbeiterorientierung«, »Gewährung von Freiräumen«, »Förderung von Innovation«, »Kundenorientierung« und »Nachhaltigkeitsorientierung« (siehe Sackmann 2008, S. 88). Über die Details der organisationskulturellen Verhaltenserwartungen erfährt man allerdings nichts.

Beispiel für die Kaschierung einer Organisationskultur durch ein Kulturprogramm

In der Szene wird die Geschichte eines großen US-amerikanischen Elektronikkonzerns kolportiert, der sich mit einem »Mea-Culpa-Programm« nach einem besonders schwerwiegenden Gesetzesverstoß zu einem Kulturwandel verpflichtete. Für diesen Kulturwandel wurden weltweit Kulturverantwortliche identifiziert und auf eine Kulturreise – eine »culture journey« – zu als vorbildlich geltenden Unternehmen im Silicon Valley geschickt.

Während die parallel laufenden Veränderungen der Formalstruktur vorrangig von männlichen Mitarbeitern getragen wurden, allein schon deswegen, weil auf den verantwortlichen Stellen sowohl in Fertigung und Montage als auch in Forschung und Entwicklung fast ausschließlich Männer tätig waren, waren die von den Bereichsleitern ernannten Kulturverantwortlichen fast ausschließlich Frauen.

Diese Form von thematisch sehr begrenzter Frauenförderung sagt nicht nur sehr viel über die Organisationskultur des Elektronikkonzerns aus, sondern die Zuteilung der »harten Themen« an Männer und der »weichen Themen« an Frauen war auch Ausdruck davon, wie ernst die Organisationsspitze diesen Kulturprozess genommen hat. Der durch den Kulturprozess geschaffene »blinde Fleck« verunmöglichte es, diesen Ausdruck von Geringschätzung überhaupt wahrzunehmen, geschweige denn zu thematisieren.

Im Rahmen des Kulturprozesses wurden die immer gleichen wohlklingenden Werteformeln produziert – Authentizität in der Kommunikation, Vertrauen und Aufrichtigkeit im Umgang miteinander, verlässliche Kooperation, Sachlichkeit in Konflikten. An die faktisch existierende Kultur – an die alltäglichen Praktiken in Fertigung und Montage und in Forschung und Entwicklung wurden die Kulturverantwortlichen gar nicht herangelassen (nach Smith 2015).

Um nicht missverstanden zu werden – eine Diskussion über die Werte der Organisation mithilfe von Vierfelder-Schemata, die Analyse der Diskrepanz zwischen Soll- und Istkultur, die Arbeit mit Metaphern und die Erstellung wohlklingender Wertekataloge kann in vielen Situationen hilfreich sein. So können kommunikative Auffangbecken für Unruhe in Organisationen geschaffen werden oder ein immer wieder nötiger, wenn auch weitgehend folgenloser Austausch ermöglicht werden (siehe dazu ausführlich Kühl 2017). Man darf sich nur nicht vorstellen, dass das, was da diskutiert wird, irgendeine Aufklärung über die faktisch existierende Kultur darstellt, geschweige denn, dass damit Ansatzpunkte für eine Veränderung dieser Kultur identifiziert werden könnten.

3 Hebel zur Beeinflussung der Organisationskultur

Das grundlegende Problem einer Arbeit an der Organisationskultur besteht darin, dass es keinerlei Gewissheit gibt, wie die Kulturprogramme von den Mitarbeitern aufgenommen werden. Organisationskulturen bilden sich als informale Handlungsnormen durch Wiederholung und Imitation aus. Und die so eingespielten Handlungsnormen lassen sich nicht – das ist die Eigenart nicht entschiedener Entscheidungsprämissen – durch die Verkündigung neuer organisationskultureller Werte verändern. Aber welche Möglichkeiten hat das Management dann überhaupt, die Organisationskultur zu beeinflussen?

Die Antwort mag im ersten Moment paradox klingen. Der einzige Hebel des Managements, die Organisationskultur zu verändern, sind Veränderungen der Formalstruktur. Nicht so, wie es sich ein steuerungsbegeistertes Management vielleicht wünschen mag – nämlich, dass mit der Verkündigung der formalen Struktur auch gleichzeitig die passenden Veränderungen der Organisationskultur mitangeregt werden könnten, sondern vielmehr dadurch, dass jede Veränderung in den offiziellen Berichtswegen, jede Verkündigung eines neuen offiziellen Ziels, jede Einstellung, Versetzung oder Entlassung

Auswirkungen auf die informalen Prozesse in den Bereichen, Abteilungen oder Teams hat.

Deswegen muss bei der Arbeit an der Organisationskultur grundlegend anders vorgegangen werden, als es bei den meisten Projekten in Organisationen bisher üblich ist. Weil sich eine Organisationskultur als Reaktion auf formale Verhältnisse entwickelt, muss in der Analysephase zunächst das Verhältnis von Formalität und Informalität in der Organisation genau untersucht werden. Was sind die vorgeschriebenen Kommunikationswege, die offiziellen Programme und die formalisierten Erwartungen bezüglich des Personals? Wie wirken sie sich auf die alltäglichen Arbeitsprozesse aus? Gibt es formale Regelungslücken, die durch informale Erwartungen gefüllt werden? Wird aus sinnvollen Gründen regelmäßig von der Formalstruktur der Organisation abgewichen?

Um dies herauszufinden, sind einige Methoden der Organisationsforschung besser geeignet als andere. Wir wissen, dass quantitative Erhebungen mithilfe von standardisierten schriftlichen Fragebögen (Brake 2009) oder internetbasierte Befragungen (Brake und Weber 2009) eher sozial erwünschte Antworten hervorbringen. Das Generieren sozial erwünschter Antworten – wie es auch mit Vorliebe von einer evidenzbasierten Managementforschung praktiziert wird – kann sinnvoll sein, beispielsweise wenn man erheben möchte, was die auf der Schauseite vertretenen Auffassungen der Führungsebene sind. Zur Erhebung von Erwartungen auf der informalen Seite sind sie ungeeignet, weil die Details organisationskultureller Erwartungen sich durch standardisierte Fragebögen nicht erheben lassen und weil Befragte die Abstraktheit des Fragebogens gerade dafür nutzen, um die alltäglichen Praktiken der Regelabweichung zu verbergen. Qualitative Erhebungen mithilfe von teilnehmenden Beobachtungen (Bachmann 2009), Beobachtungsinterviews (Kuhlmann 2009), Einzelinterviews (Liebold und Trinczek 2009) oder Gruppeninterviews (Liebig und Nentwig-Gesemann 2009) sind dagegen deutlich besser geeignet, um organisationskulturelle Erwartungen zu erheben. Sicherlich – auch bei dem Einsatz dieser Methoden kontrollieren Gesprächspartner die Informationen über Erwartungen und Praktiken. Aber diese Erhebungsmethoden machen es deutlich schwieriger, sensible Informationen zurückzuhalten.

Ein komplexes Bild erhält man in der Regel erst, wenn man die verschiedenen Methoden miteinander kombiniert. Teilnehmende Beobachtungen – oder vermutlich präziser: beobachtende Teilnahmen – finden fast automatisch statt, wenn sich Manager, Berater oder auch Wissenschaftler in der Organisation bewegen, Gespräche führen und an Besprechungen teilnehmen. Die Herausforderung besteht darin, dabei noch so viel Distanz zu wahren, dass die allen selbstverständlich erscheinenden informalen Erwartungen erkannt werden. Besonders hilfreich sind dabei Beobachtungsinterviews, in denen man Personen während oder nach einer Tätigkeit befragt. Man lässt sich dabei genau erklären, weswegen Produktionsschritte genau so und nicht anders gestaltet werden, weswegen ein Polizeieinsatz so wie beobachtet abgelaufen ist oder eine Akte in der beobachteten Form bearbeitet wurde. Erst wenn man keine Hemmungen hat, sich mit den Details zum Beispiel von Produktionsverfahren zu beschäftigen, wird man erkennen, warum sie so organisiert sind, wie sie sind. Einzelinterviews stellen eine sinnvolle Ergänzung dar, weil sie es ermöglichen, eine breitere Perspektive aufzubauen. Dabei eignen sich verschiedene Standardfragen zum Einstieg (Grubendorfer 2016c, S. 37) – »Erinnern Sie sich noch an Ihre ersten Arbeitstage hier? Was hat Sie überrascht? Was hätten Sie anders erwartet?«, »Was muss man hier tun, um einen guten Stand bei den Kollegen zu haben?«, »Wie kann man die Kollegen am ehesten gegen sich aufbringen?«, »Was muss man hier tun, um ein hohes Ansehen beim Chef zu genießen?«, »Was muss man hier tun, um sich unmöglich zu machen oder sogar ›rauszufliegen‹?«, »In welche Fettnäpfchen sollte man hier lieber nicht treten?«, »Gab es Kollegen, die die Probezeit nicht überstanden haben? Warum haben sie die Organisation verlassen?«, »Wer sollte sich besser nicht hier bewerben? Wieso nicht? Was würde denn sonst passieren?« Mit den Antworten, die man auf diese Standardfragen bekommt, ist es dann möglich, in die detaillierte Erörterung von informalen Prozessen einzusteigen. Weil bei Gruppengesprächen, gerade mit Organisationsmitgliedern aus unterschiedlichen Bereichen, sehr schnell Selbstzensurmechanismen einsetzen können, machen sie erst Sinn, wenn ein sehr gutes Verständnis für informale Strukturen vorhanden ist. Sonst besteht die Gefahr, dass man lediglich mit abstrakten Wertformulierungen abgespeist wird.

Die Feinheiten der Organisationskultur werden jedoch häufig erst dann deutlich, wenn man versucht, auf sie einzuwirken. Dafür muss man direkt an den formalen Strukturen ansetzen – durch Veränderung der formalen Kommunikationswege, der Ablaufprozesse und Zielvorgaben und der Stellenbesetzung. Wie sich solche Veränderungen von Formalstrukturen auf das Verhalten der Mitarbeiter auswirken, lässt sich nie genau voraussagen. Nicht selten erleben auch erfahrene Manager und Berater Überraschungen, wie sich Veränderungen in der Formalstruktur auf die Organisationskultur auswirken. Die Organisationsforschung hat jedoch gesicherte Erkenntnisse dahingehend hervorgebracht, zu welchen Reaktionen es auf der informalen Ebene regelmäßig kommt, wenn die Formalstruktur geändert wird.

3.1 Formalisierung der Programme, Kommunikationswege und des Personals als Hebel

Ein erster Ansatzpunkt für die Beobachtung von Organisationskultur sind die informalen Ausweichbewegungen, die sich im Bereich der einzelnen Strukturtypen – den Programmen, den Kommunikationswegen und dem Personal – ausbilden. Organisationen sind von ihrer Formalstruktur her ein großes Puzzle, in dem Arbeitsschritte, Kommunikationswege und Personalentscheidungen genau aufeinander abgestimmt sind. Aber letztlich geht – anders als im Kinderzimmer – das große formale Puzzle in Organisationen nicht auf. Vielmehr kommt es bei formalen Entscheidungen über Programme, Kommunikationswege und Personal zu informalen Ausgleichsmechanismen. Diese kann man schon auf der Ebene der einzelnen Strukturtypen beobachten.

Aus der Forschung wissen wir, dass sich bei **Programmen** beobachten lässt, dass eine rigide Konditionalprogrammierung mithilfe von Wenn-dann-Regeln durch informale Ausweichmanöver ausgeglichen wird. Die Routinearbeit – egal ob beim Zusammenbau von Motoren in der Automobilproduktion, bei der Bearbeitung von Anrufen in Callcentern oder bei der Visa-Ausstellung in Botschaften – ist formal konditionalprogrammiert. Wenn ein Motorenteil, ein Anruf oder ein Antrag eingeht, ist dieses bzw. dieser in der vorgesehenen Reihenfolge mit vorgegebenen Handlungsschritten abzuarbeiten. Bei unvorhergesehenen Ereignissen oder bei Überlast herrscht dann aber die informale Erwartung, dass die Mitarbeiter in den Automobilfabriken, Callcentern und Botschaften sich nicht strikt an die Konditionalprogramme halten, sondern Ziele wie eine zeitkritische Auftragserfüllung informal mitreflektieren (vgl. Kühl 2015d, S. 172 ff.). Umgekehrt wissen wir auch, dass sich durch formale Vorgabe von Zweckprogrammen, zum Beispiel bei Vertriebszielen für Mitarbeiter in Pharmaunternehmen, bei Publikationszielen für Mitarbeiter in Forschungsinstituten oder bei der Vorgabe der Anzahl durchzuführender Operationen für Ärzte in Krankenhäusern informal Konditionalprogramme ausbilden, mit denen die Zielvorgaben erreicht, teilweise aber auch unterlaufen werden können. Formale Entscheidungen in Bezug auf einen Typus von Programmen führen also häufig zu Reaktionen bei einem anderen Programmtyp, indem sich dort auf informaler Ebene Anpassungsprozesse ausbilden.

Auch bei formal angelegten **Kommunikationswegen** – symbolisch in vielen Organisationen durch Organigramme wiedergegeben – kann man informale Ausgleichsbewegungen feststellen. So bringt die formale Einrichtung einer Funktionalorganisation – also beispielsweise die Einrichtung von Abteilungen für Einkauf, Montage, Marketing und Verkauf in einem Maschinenbauunternehmen – es mit sich, dass regionale Aspekte nicht besonders berücksichtigt werden. Weil diese Defizite nur begrenzt formal abgefangen werden können, bilden sich informale Mechanismen zum Austausch über regionale Fragen aus. Oder um ein anderes Beispiel zu bringen: Die Einrichtung weitgehend autonomer Geschäftsbereiche als formale Grundstruktur eines Konzerns führt zwangsläufig zur Konkurrenz zwischen diesen (siehe dazu Kühl 2015e, S. 90 ff.). Genauso wie in Automobilwerken die Grundhaltung existiert, dass die größten Konkurrenten nicht die anderen Automobilunternehmen, sondern die Schwesterfirmen des eigenen Konzerns sind, gibt es bei Armeen verschiedener Länder den Spruch, dass die größten Feinde des Heeres die Luftwaffe und die Marine der eigenen Armee sind. Der Kampf um Ressourcen innerhalb einer Organisation erscheint den einzelnen Bereichen für ihr eigenes Überleben wichtiger, als mit anderen Firmen um Aufträge zu konkurrieren. Für das Verständnis einer Organisationskultur sind nicht nur die-

se – häufig durch harmonistische Leitbilder auf der Schauseite verdeckten – Konkurrenzverhältnisse relevant, sondern
auch die informalen Ausgleichsmechanismen, mit denen die
autonomen Teilorganisationen versuchen, trotz der auf Konkurrenz angelegten Formalstruktur punktuell kooperations-
fähig zu bleiben. Egal ob Organisationen – oder Bereiche von
Organisationen – sich formal jetzt eine Funktional-, Regio-
nal-, Center- oder Matrixstruktur geben – immer lassen sich
organisationskulturelle Ausgleichsbewegungen beobachten.

Bei Aspekten des **Personals** lassen sich ebenfalls organisationskulturelle Ausgleichsmechanismen beobachten. Viele
Organisationen betrachten die Auswahl von Personal als
Möglichkeit, um auf Entscheidungen einwirken zu können.
Der sich selbst als verkrustet wahrnehmende Großbetrieb er-
hofft sich durch die Abwerbung von Mitarbeitern von hippen
Start-ups, durch die Beförderung »junger Wilder«, die als
vorzeitiger Ruhestand kaschierte Entlassung von älteren Mitarbeitern und von bunten Personalentwicklungskampagnen
zu »cultural change« eine Veränderung der Haltung und damit auch der Entscheidungen in Organisationen. Das hat auf
der Ebene der Formalstruktur in der Regel auch Effekte, interessant sind aber die Reaktionen in der Organisationskultur.
In den seltensten Fällen bilden sich die organisationskulturellen Effekte so aus, wie es sich das Management vorgestellt hat.
Mindestens ebenso relevant sind die informalen Ausweich-
und Ausgleichsmanöver zum Beispiel in Form einer ober-
flächlichen Anpassung an die »neue Denke«, der Rückzug in
ein Lager von Bewahrern traditioneller Werte oder die Ent-
stehung von »Lästerecken«, in denen man sich über die An-
biederung an Start-ups, die jungen Wilden oder die hippen
Kulturprogramme lustig macht.

Kurz – die Veränderung von formalen Strukturen hat immer eine Reaktion im Informalen zur Folge. Das kann eine
informale Ergänzung der Formalstruktur sein, die die Funk-

tion hat, Steuerungslücken auszugleichen. Es kann aber auch eine informale Gegenstruktur sein, mit der durch punktuelle Regelbrüche die Rigiditäten der formalen Erwartung ausgeglichen werden.

3.2 Verzicht auf Formalisierung als Strategie zur Veränderung der Organisationskultur

Ein zweiter Ansatzpunkt, um die Organisationskultur zu beeinflussen, kann eine Verringerung des Formalisierungsgrades in der Organisation sein. Die Gründe dafür können sehr unterschiedlich sein – Frustration über die bürokratische Übersteuerung einer Organisation; Anpassungen an die unter letztlich austauschbaren Begriffen wie Adhocratie, Soziokratie, Holakratie oder Agilokratie propagierten Managementmoden der Entformalisierung oder die tiefe Überzeugung, dass Demokratie nicht nur für die Steuerung von Staaten, sondern auch von Unternehmen, Verwaltungen, Polizeien und Armeen geeignet ist. Der Effekt eines weitgehenden Verzichts auf Formalisierung ist jetzt interessanterweise nicht ein »anything goes« – ein »Alles ist möglich«. Vielmehr bildet sich eine aus bewährten Routinen, eingespielten Mustern der Kooperation und belastbaren Netzwerken von Personen bestehende Organisationskultur aus.

Bei **Programmen** besteht die Entformalisierung darin, Prozesse und Ziele nicht detailliert von oben vorzugeben, sondern darauf zu setzen, dass sich in der alltäglichen Praxis bewährte Routinen und sinnvolle Ziele ausbilden. Abläufe in Form von Konditionalprogrammen werden vom Management nicht formal vorgegeben, sondern »mendeln sich langsam« heraus. Ziele werden nicht von der Spitze definiert, sondern gemeinsam festgelegt, können aber – ohne dass Mitgliedschaftsregeln verletzt werden – verfehlt, modifiziert oder auch aufgegeben werden. Die Fähigkeit von Organisationen, beim Fehlen formaler Vorgaben informale Routinen und Ziele auszubilden, ist beachtlich. Aber es bilden sich erfahrungsgemäß schnell Forderungen nach einer Standardisierung von Routinen und einer besseren Abstimmung der Ziele aus – und das bedeutet letztlich nichts anderes als eine stärkere Formalisierung der Organisationsstruktur.

Nach der Vorstellung der Verfechter einer Entformalisierung sollen die offiziellen **Kommunikationswege** – besonders die hierarchischen – möglichst schwach ausgeprägt sein. Sicherlich – es wird nach formalen Alternativen zur klassischen Hierarchie gesucht, zum Beispiel in Form der Abstimmung in Vollversammlungen, der Einrichtung von auf das Konsensprinzip verpflichteten Gremien oder der Wahl von Vorgesetzten durch die Untergebenen. Aber letztlich ist die Idealvorstellung die eines sogenannten All-Channel-Networks, in dem sich jeder mit jedem verständigen kann (Bavelas 1949). Wir wissen durch Forschungen über Organisationen, die auf formale Hierarchien verzichten – politische Basisgruppen, selbstverwaltete Betriebe und anarchistische Terrororganisationen –, welche organisationskulturellen Reaktionsmuster sich bei dem weitgehenden Verzicht auf formale Hierarchien ausbilden (immer noch sehr lesenswert Michels 1911). Informale Rangordnungen in den Organisationen bilden sich dadurch aus, dass einzelne Personen in kritischen Situationen in »Führung gehen«. Statt »von oben« eine für alle verbindliche formale Rangfolge vorzugeben, mendelt sich eine informale Rangordnung aus. Das kann gerade für Organisationen, die auf ein hohes Maß an Zweckidentifikation angewiesen sind, funktional sein, weil die Personen, die in »Führung gehen«, auf die Unterstützung oder mindestens Duldung aller anderen angewiesen sind und somit die Gefahr einer Entfremdung von der Organisation reduziert wird. Gleichzeitig haben solche Organisationen aufgrund ihrer Kultur auch mit Schwierigkeiten zu kämpfen. Beispielsweise können sie nur langsam auf unvorhergesehene Ereignisse reagieren, weil aus internen Legitimitätsgründen alle einbezogen werden müssen, es existiert ein vergleichsweise hohes Beharrungsvermögen, weil immer erst ein breiter Konsens hergestellt werden muss, und es kommt zu Problemen, weil externe Kooperationspartner Schwierigkeiten haben, einen zuständigen Ansprechpartner zu finden, der Vereinbarungen auch in der Organisation durchsetzen kann.

Auch bei **Personalentscheidungen** können Organisationen sich dazu entschließen, weitgehend auf Formalisierung zu verzichten. Es werden kaum formale Kriterien für Einstellungen, Versetzungen, Entlassungen und Personalentwicklung festgelegt, es wird darauf gesetzt, dass sich Mechanismen zur Regulierung der Mitgliedschaft schon in der alltäglichen Praxis ausmendeln. Der Eintritt in solche Organisationen findet häufig über die Kooption guter Bekannter aus dem eigenen Bekanntennetzwerk statt, was die sowieso schon »guten persönlichen Beziehungen« befördern kann. Gerade in Organisationen, die auf formalisierte Abläufe weitgehend verzichten, dominieren fließende Übergänge zwischen persönlichen und organisatorischen Beziehungen, zwischen Freizeit und Arbeit und – wenn nur genug erotische Spannung aufgebaut wurde – auch zwischen Familie und Organisation. Die Übernahme neuer Aufgaben findet in der Vorstellung der Verfechter einer Entformalisierung nicht über formale Beförderungen statt, sondern darüber, dass Mitarbeiter sich von sich aus dafür zuständig erklären, nicht selten verbunden mit dem Problem, dass sich auch schon einmal mehrere Personen in Konkurrenz zueinander für zuständig erklären können. Für Anhänger der Entformalisierung ist die von oben geplante, auf Erziehung von Mitarbeitern setzende Personalentwicklung eher die Ausnahme. Vielmehr wird darauf gesetzt, dass die Mitarbeiter erfolgreich in die Organisation hineinsozialisiert werden. Der Austritt kann dann auch nur noch bedingt mit Verweis auf verletzte formale Mitgliedschaftsregeln erzwungen werden, die ja nur noch begrenzt existieren, sondern er findet – wie wir das aus der Forschung über politische Organisationen kennen – in vielen Fällen über sozial mehr oder minder erträgliches »Wegbeißen« durch andere Organisationsmitglieder statt (vgl. Freeman 1972, S. 160).

Kurz – es kann für Organisationen gute Gründe geben, weitgehend auf die Formalisierung von Erwartungen zu verzichten. Die sich in Reaktion auf diesen Formalisierungsverzicht dann in der Informalität ausbildende Kultur hat aber gar nichts mit dem organisationalen »Ponyhof« zu tun, den die Verfechter neuer Managementmoden in ihrer mit Schlagworten wie Vertrauen, Wertschätzung oder Achtung durchsetzten Prosa versprechen. »Keine Struktur«, so schon die Beobachtung des Organisationswissenschaftlers Henry Mintzberg (1979, S. 462), »ist darwinistischer, keine fördert mehr den Fitten – solange er fit bleibt –, und keine ist verheerender für den Schwachen als eine, die weitgehend auf Formalisierung verzichtet. Die Franzosen haben eine bildhafte Beschreibung für die durch Verzicht auf Formalisierung produzierte, häufig durch heftige Machtkämpfe gekennzeichnete Organisationskultur: un panier de crabes – ein Korb voller Krebse; alle kneifen sich, um höher oder gar herauszukommen.«

3.3 Verstärkte Formalisierung als Ansatzpunkt zur Gestaltung der Organisationskultur

Ein dritter Ansatzpunkt besteht darin, möglichst *viele* Erwartungen in der Organisation zu formalisieren – also deren Erfüllung zur einklagbaren und kontrollierbaren Mitgliedschaftsbedingung zu machen. Die Gründe für eine solche verstärkte Formalisierung von Erwartungen können ganz unterschiedlich sein. Das Topmanagement kann Kontrollverlust befürchten und mit einer Formalisierungskampagne reagieren. Häufig wird die Formalisierung aber auch »von unten« eingefordert, weil die Mitarbeiter nach »mehr Orientierung« oder »mehr Sicherheit« verlangen. Manchmal sind auch Rationalisierungsmaßnahmen der Ausgangspunkt, weil man hofft, durch eine weitere Verregelung den »Slack« – die kleinen Fettpolster der Organisation – zu reduzieren. Nicht selten sind auch gesetzliche Vorgaben zur genauen Dokumentation von Arbeitsabläufen der Grund für verstärkte Formalisierung, oder die Hoffnung, über eine sehr tiefe Hierarchie jederzeit Verantwortlichkeiten auf einzelne Personen zurechnen zu können.

Eine verstärkte Formalisierung von **Programmen** kann sowohl an den Wenn-dann-Regeln – den Konditionalprogrammen – als auch an den Zielvorgaben – den Zweckprogrammen – ansetzen. Der erste Ansatzpunkt besteht darin, die Handlungen der Mitarbeiter über Wenn-dann-Regeln genauer vorzuschreiben. Das äußert sich darin, dass in den Prozess-Handbüchern und Software-Programmen Arbeitsabläufe weiter detailliert werden. Das Regelwerk von Verwaltungen zur Bearbeitung von Pass-, Bau- oder Sozialhilfeanträgen, die Prozesshandbücher bei Fast-Food-Ketten zu Bedienung von Kunden oder die softwaregesteuerten Vorgaben für Sprechsequenzen für Mitarbeiter von Callcentern sind Musterfälle einer solchen Formalisierung in Form von Wenn-dann-Regeln. Der zweite Ansatzpunkt für eine Formalisierung von Mitgliedschaftsbedingungen ist eine sehr differenzierte Festlegung von Zielvorgaben. Organisationsmitgliedern wird dabei sehr detailliert vorgegeben, welche »smarten Ziele« – also Ziele, die spezifisch, messbar, ansprechend, realistisch und terminiert sind (Doran 1981) – sie zu erreichen haben. Die detaillierte Vorgabe von Verkaufszielen an Vertriebsmitarbeiter oder von Produktionsvorgaben an Montageteams sind typische Beispiele für solche Formalisierungsstrategien. Solche Maßnahmen haben den Effekt, dass sich Organisationsmitglieder zwar generell an den formalen Vorgaben ausrichten, gleichzeitig aber immer wieder gezwungen sind, von diesem detailliert vorgegebenen Regelwerk abzuweichen. Denn je genauer eine Organisation ihre formalen Programme spezifiziert, desto schlechter kann sie sich an sich verändernde Anforderungen anpassen.

Eine verstärkte Formalisierung der **Kommunikationswege** besteht darin, dass genauer vorgeschrieben wird, wer in einer Organisation wann mit wem sprechen darf. Dafür wird in der Regel darauf geachtet, dass die hierarchischen Kommunikationswege genau definiert sind, die Abstimmungen mit anderen Abteilungen über genau definierte Kanäle laufen und die Kontakte zu anderen Organisationen nur über dafür vorgesehene Grenzstellen abgewickelt werden. Aber auch hier lassen sich informale Ausweichbewegungen beobachten. Um schnell reagieren zu können, bilden sich beschleunigte informale Kommunikationswege über die Hierarchiestufen hinweg aus, es entstehen formal eigentlich untersagte Abstimmungsverfahren zwischen Abteilungen, und informale Grenzstellen, über die andere Organisationen Kontakt aufnehmen können, etablieren sich.

Auch bei der Strukturkomponente **Personal** können Organisationen auf eine verstärkte Formalisierung setzen. So kann vor der Rekrutierung neuen Personals das Anforderungsprofil formal genau festgelegt werden, und größere Auswahlkommissionen können eingerichtet werden, um Willkürlichkeiten bei der Personalrekrutierung zu vermeiden. Für die Karriere in einer Organisation können Anforderungen spezifiziert werden, zum Beispiel, dass Mitarbeiter vor dem Erklimmen der nächsten Hierarchiestufe einen Assessment-Test der Personalabteilung bestanden haben müssen. Und auch für größere Entlassungswellen können formale Kriterien festgelegt werden, in denen spezifiziert wird, dass vorrangig den Mitarbeitern mit der kürzesten Betriebszugehörigkeit zu kündigen ist. Der Effekt dieser starken Formalisierung von Entscheidungen über Personaleinstellung, -aufstieg und -entlassung besteht aber auch hier in informalen Ausweichbewegungen (Frost et al. 1985). Es ist bekannt, dass man sich bei kritischen Rekrutierungsmaßnahmen nicht für die Kandidatin entscheidet, die am ehesten die formalen Kriterien erfüllt, sondern für diejenige, von der man vermutet, dass sie am besten in das soziale Gefüge des Unternehmens passt, dass höhere Führungskräfte den Aufstieg ehemaliger persönlicher Referenten durchsetzen, auch wenn diese beim vorgeschriebenen Assessment durchgefallen sind, oder dass auch Mitarbeiter mit kurzer Betriebszugehörigkeit eine Entlassungswelle überstehen können, wenn die Verantwortlichen im Unternehmen wissen, dass deren Know-how für die Organisation wichtig ist.

Kurz – es kann gute Gründe für eine verstärkte Formalisierung der Verhaltenserwartungen in Organisationen geben. Aber mit Ausnahme von Organisationen oder Organisationsbereichen, die sich in einem sehr stabilen Umfeld bewegen, werden informale Ausweichbewegungen als Reaktion auf Formalisierung kaum zu vermeiden sein. Einige dieser informalen Ausweichbewegungen werden sich im Graubereich des gerade noch formal Akzeptablen bewegen, bei anderen wird es sich um Brüche der formalen Ordnung handeln. Weil sich die widersprüchlichen Anforderungen nicht in ein konsistentes formales Regelgebäude pressen lassen, führt eine verstärkte Formalisierung letztlich zu einer Zunahme von Regelverstößen auf der Ebene der Organisationskultur.

4 Fazit – Konsequenzen für die Beeinflussung der Organisationskultur

Für Praktiker ist es notgedrungen frustrierend, dass jede Entscheidung zur Veränderung der formalen Strukturen auf der Seite der Organisationskultur nicht nur antizipierte und gewollte, sondern auch ungewollte Nebenfolgen mit sich bringt. Aber so ist das eben – so die naheliegende Antwort aus der Organisationsforschung – mit Organisationen. Weil es die alle und alles befriedigende optimale Organisationsstruktur nicht gibt, bringt jede Entscheidung immer auch Überraschungen, Enttäuschungen und Probleme mit sich. Wer nicht bereit ist, damit zu leben, sollte sich besser von Unternehmen, Verwaltungen, Armeen, Universitäten, Schulen, Parteien und Vereinen fernhalten.

Sicherlich – man kann sich eine aus Werteformulierungen wie Vertrauen, Wertschätzung, Achtung, Authentizität, Loyalität und Kreativität bestehende Organisationswelt zusammenträumen. Aber nicht zufällig kommen diese organisationalen Heilsversprechen entweder von Einzelberatern, Coaches und Managementgurus, die alle sehr gute Gründe gehabt haben, sich nicht mehr alltäglich als angestelltes Mitglied mit einer Organisation auseinanderzusetzen zu wollen, von Mitgliedern von Miniorganisationen, die der Meinung

S. Kühl, *Organisationskulturen beeinflussen*,
https://doi.org/10.1007/978-3-658-20197-5_4

sind, dass die Umgangsformen in ihrer Kleinstorganisation mit fünf oder sechs Mitgliedern sich beliebig für Großorganisationen skalieren lassen (dazu siehe Geser 1980; Kühl 2002) oder von Personen an der Organisationsspitze, die fast immer ein positiveres Bild ihrer Organisation haben als ihre Mitarbeiter (siehe als Beispiel Janssen 2016).

Die Beobachtung, dass Veränderungen in der Formalstruktur ungewollte Nebenfolgen in der Organisationskultur mit sich bringen, darf aber nicht als ein Plädoyer für ein »anything goes« verstanden werden. Im Gegenteil – gerade weil Veränderungen in der Formalstruktur immer auch Änderungen in der Organisationskultur nach sich ziehen, kommt es darauf an, diese so gut es geht zu antizipieren. Die Veränderung der formalen Strukturen sollte in Anbetracht der damit einhergehenden Veränderungen in den informalen Strukturen mit einer Art von »Risikomanagement« durchgeführt werden. Das heißt, man muss es vermeiden, sich in einem Veränderungsprozess lediglich auf eine Seite der Organisation zu konzentrieren.

Projekte zur Gestaltung von Organisationen nehmen häufig nur eine Seite der Organisation ins Blickfeld (siehe dazu Kühl 2011, S. 91 f.). Für die Schauseite werden PR-Agenturen, Werbefirmen oder Marketingexperten engagiert, die die Fassade der Organisation aufbauen, pflegen und notfalls reparieren sollen. Für die formale Seite werden die klassischen Expertenberatungsfirmen dieser Welt gerufen. Von ihnen wird erwartet, die formalen Prozesse der Organisation zu »reengineeren«, das Organigramm durch die Auflösung von Abteilungen oder Hierarchiestufen »leaner« zu machen oder die formale Zuordnung von Mitarbeitern neu zu »designen«. Für das Organisationsklima und die Organisationskultur – also für die informale Seite – werden dann die »Kulturspezialisten« in Gestalt der systemischen Prozessberater, Trainer oder Coaches von außen geholt, die dafür sorgen sollen, dass die

»Chemie« – die informalen Abstimmungen jenseits der formalen Vorgaben – zwischen den Mitarbeitern stimmt.

Dabei haben die Spezialisten für die verschiedenen Seiten der Organisation jeweils ihre eigenen blinden Flecken. Die Spezialisten für die Schauseite können weitgehend ungebremst die Fassade der Organisation aufhübschen, ohne sich darüber Gedanken machen zu müssen, wie diese Außendarstellung nach innen wirkt. Die Spezialisten für die formale Seite – egal ob sie Experten für strategische Neuausrichtungen, die Steigerung der Effizienz oder die Verbesserung von Qualitätsprozessen sind – tendieren dazu, überzogene Hoffnungen in die Formalisierung von Organisationen zu setzen. Es werden vom Management strategische Neuausrichtungen verkündet, Effizienzgewinne durch die Veränderung der formalen Struktur berechnet oder eine hundertprozentige Einhaltung der formalen Qualitätsstandards erklärt, ohne dass bemerkt wird, dass sich in der Informalität bereits ganz andere Strukturen ausgebildet haben. Die Spezialisten für die informale Seite, die dann nicht selten zur Bearbeitung dieser ungewollten Nebenfolgen der Reorganisationen gerufen werden, mögen vielleicht manchmal noch Aspekte der formalen Struktur als Gründe für die Verschlechterung der Dinge identifizieren, bekommen aber selten die Kompetenz, diese Reorganisationen grundsätzlich anzutasten (siehe dazu Scott-Morgan 1994).

Beispiel: Kulturprogramme zur Tabuisierung der Effekte eines Reorganisationsprojektes

Eine große US-amerikanische Privatbank diskutiert seit Längerem ihre Organisationsform. In dem für komplexe Kredite zuständigen

Team sind die sehr guten Mitarbeiter nicht nur für die Identifizierung von interessanten Projekten zuständig, sondern sie erledigen auch die eher simplen Vertragsabwicklungen und begleiten die Projekte nach Vertragsabschluss. Dies hat den positiven Effekt, dass die Projektmanager gute Detaileinblicke in die häufig sehr komplexen Projektvorhaben auch nach Vertragsabschluss haben und dadurch für zukünftige Kreditvorhaben lernen können. Gleichzeitig wird aber immer deutlicher, dass die hoch bezahlten Projektmitarbeiter viel Zeit mit dem eher monotonen Geschäft der Vertragsabwicklung verbringen und das Know-how über die Vertrags-, Vergabe- und Kreditprozesse nirgends in der Bank konzentriert ist.

Im Rahmen eines großen Reorganisationsprojektes engagiert die neue Vorstandsvorsitzende die weltweit agierende Expertenberatungsfirma, für die sie früher selbst als Beraterin einmal gearbeitet hat, um die Prozesse zu analysieren und zu standardisieren. Die Beratungsfirma schlägt vor, dass die Verantwortung für Verträge, Vergabe und Kredite aus den für Projekte zuständigen Teams herausgelöst und in eigens dafür verantwortlichen Vertragsteams konzentriert werden sollte. Das Projekt hat zum Ziel, Kompetenzen in Teams zu bündeln und so – wie in der Bankbranche üblich – klare Zuständigkeiten jeweils für Markt, Marktfolge und Kreditservice zu definieren, Kompetenzen für Vertragsabwicklung zu bündeln und durch die Beschäftigung nicht so hoch bezahlter Mitarbeiter in den neu zu gründenden Vertragsteams Personalkosten einzusparen.

Aber schon wenige Monate nach Ende des Projektes werden heftige Verwerfungen deutlich. Die neu geschaffenen Teams für Vertragsabwicklung kooperieren schlecht mit den für die Projektakquise verantwortlichen Teams. Die schlechtere Bezahlung einiger Mitarbeiter führt zu einer »Zwei-Klassen-Gesellschaft«, die die Kooperation über Teamgrenzen hinweg schwierig macht. An den

Schnittstellen zwischen den Teams kommt es zu Abstimmungs-schwierigkeiten, sodass es bei der Bank zu für die Kunden ärgerli-chen Verzögerungen beim Vertragsabschluss kommt. Es wird im-mer deutlicher, dass durch die Reorganisation – entgegen dem Versprechen der Berater – die Prozesse langsamer und teurer ge-worden sind.

Obwohl die ungewollten Nebenfolgen der Reorganisation sehr schnell deutlich wurden, ist eine Rücknahme der Maßnahme ta-buisiert. Die Vorstandsvorsitzende hat sich mit dem Projekt gegen-über dem Aufsichtsrat weit aus dem Fenster gelehnt, das Reorga-nisationsprojekt hat die Bank eine zweistellige Millionensumme gekostet, und die Mitarbeiter fangen gerade erst an, sich von der Unruhe der Reorganisation zu »erholen«. Als Ursache der aktuel-len Probleme darf also auf gar keinen Fall die Reorganisation the-matisiert werden. Stattdessen wird als Ursache eine mangelhafte »Kooperationskultur« in der Bank identifiziert, die durch ein iso-liertes Programm angegangen werden soll.

Dafür werden »Kulturspezialisten« engagiert, die gemeinsam Füh-rungsleitsätze für die Bank erarbeiten sollen. In diesen in einer Pro-jektgruppe erarbeiteten und vom Vorstand abgesegneten Leit-sätzen werden »mehr Courage für konsequente Arbeitsteilung zwischen den Teams«, »mehr Konzentration auf Kommunikation zwischen den Teams« und »schnellere und authentischere Impul-se der Führungskräfte« gefordert. In einem breiten Rollout wer-den diese Leitsätze den Mitarbeitern verkündet, und die Mitarbei-ter werden aufgefordert, zu reflektieren, was diese Leitsätze für die Zusammenarbeit spezialisierter Teams bedeuten.

Der so angestoßene Prozess hat den Vorteil, dass der Vorstand ein Signal an die Mitarbeiter senden konnte, dass man die Verschlech-terung in der Arbeitsatmosphäre bemerkt hatte, ohne jedoch die »heilige Reorganisation« antasten zu müssen. Gleichzeitig wurde aber auch deutlich, dass die Leitsätze an den durch die Reorganisation geschaffenen Problemen nichts grundlegend änderten. Im Gegenteil – der Leitsätze-Prozess wird von den Mitarbeitern als Maßnahme identifiziert, mit der die Verantwortung für die in ihren Augen misslungene Reorganisation auf sie abgewälzt werden soll. Der Sarkasmus der Mitarbeiter nimmt in dieser bisher eher zynismusfreien Bank zu (nach Smith 2015).

Die Spezialisten müssen sich in der Regel wenig um die Effekte kümmern, die sie mit ihren Maßnahmen auf den anderen Seiten der Organisationen anrichten. Die Spezialisten für die Schauseite heimsen das Lob für eine verbesserte Außendarstellung ein, müssen sich aber in den seltensten Fällen dafür rechtfertigen, welche Reaktionen der Mitarbeiter auf die veränderte Schauseite Jahre später deutlich werden. Der Auftrag an Spezialisten für die formale Seite zur Überarbeitung der Organigramme, zur Veränderung der Prozesshandbücher und zu Personalverschiebungen ist meistens schon wieder in Vergessenheit geraten, wenn die ungewollten Effekte der Reorganisation gerade bei den informalen Nebenfolgen deutlich werden. Den Spezialisten für Organisationskultur gelingt es mit der Konzentration auf akzeptierte Wertformulierungen schnell, einen Konsens herzustellen; sie müssen sich aber schon allein deswegen, weil man den durch die informalen Effekte eingetretenen Schaden nicht beziffern kann, nicht dafür rechtfertigen, wie sich das Bekenntnis zu den von ihnen formulierten Werten in der Praxis ausgewirkt hat.

Bei allem Verständnis für die Vorteile von Arbeitsteilung – Organisationen tun sich keinen Gefallen damit, wenn sie bei Veränderungsprojekten nur eine Seite der Organisation in den Mittelpunkt stellen. Projekte, die versuchen, über die Formu-

lierung von Leitbildern die Schauseite der Organisation auf-
zuhübschen, führen – wenn sie nicht systematisch an die formale und informale Seite angeschlossen werden – häufig zu
Zynismus bei den Mitarbeitern. An der formalen Seite der
Organisation ansetzende Projekte, die nicht systematisch
die Auswirkungen auf die Schauseite und die informale Seite mitreflektieren, mögen zwar kurzfristig als Erfolg präsentiert werden können, stellen sich später aber nicht selten als
»Change-Ruinen« heraus. Und Projekte zur Organisationskultur, in denen nicht systematisch auch die Formalstruktur
infrage gestellt wird, haben bestenfalls kosmetische Effekte.
Faktisch führen sie in der Organisation nicht zu grundlegenden Veränderungen.

Die drei Seiten der Organisation – die Schauseite, die formale Seite und die informale Seite – haben unterschiedliche
Funktionen, aber in vom Management angestoßenen Ver-
änderungsprozessen muss man immer alle drei Seiten im
Blick behalten. Wenn Manager, die renommierte Beratungs-
firmen engagieren, die mit dem Versprechen der strategischen Neuausrichtung oder der Effizienzverbesserung Organigramme umbauen, Prozesse neu gestalten oder Personal
umschichten, nicht präzise die informalen Reaktionen auf
diese Veränderungen mitreflektieren, können sie davon aus-
gehen, dass sie später »kulturelle Überraschungen« in ihrer
Organisation erleben werden und die Tendenz spüren werden, Programme aufzulegen, mit der die Kultur wieder »in
Ordnung gebracht« werden soll. Wenn das Management einen Prozess zur Gestaltung von Organisationskultur aufgelegt
hat und dabei explizit oder implizit kommuniziert, dass die
Formalstruktur nicht angetastet werden darf, kann von vorn-
herein davon ausgegangen werden, dass dieser Prozess weitgehend wirkungslos bleiben wird.

Auf den ersten Blick sieht dies aus wie ein Plädoyer gegen
Programme zur Gestaltung von Organisationskultur. Aber

letztlich spricht nichts dagegen, Programme unter dem Thema Organisationskultur aufzulegen, wenn man sie als eine
Art »trojanisches Pferd« nutzt, um an den vorgeschriebenen
Kommunikationswegen, den formalen Programmen und der
offiziellen Personalpolitik zu arbeiten. Schließlich ist deren
Veränderung die einzige effektive Möglichkeit, um die Organisationskultur zu beeinflussen.

Literaturverzeichnis

Alvesson, Mats (2013): Understanding Organizational
    Culture. 2. Aufl. London: Sage.
Bachmann, Götz (2009): Teilnehmende Beobachtung. In:
    Stefan Kühl, Petra Strodtholz und Andreas Taffertshofer
    (Hg.): Handbuch Methoden der Organisationsfor-
    schung. Wiesbaden: VS Verlag für Sozialwissenschaften,
    S. 248–272.
Bardmann, Theodor M. (1994): Wenn aus Arbeit Abfall wird.
    Aufbau und Abbau organisatorischer Realitäten. Frank-
    furt a. M.: Suhrkamp.
Bardmann, Theodor M.; Franzpötter, Reiner (1990): Unter-
    nehmenskultur. Ein postmodernes Organisationskon-
    zept? In: *Soziale Welt* 41, S. 424–440.
Bate, S. Paul (1997): Whatever Happened to Organizational
    Anthropology? A Review of the Field of Organizational
    Ethnography and Anthropological Studies. In: *Human
    Relations* 50, S. 1147–1175.
Bavelas, Alex (1949): Some Effects of Certain
    Communication Patterns upon Group Performance.
    Boston: Massachusetts Institute of Technology.

© Springer Fachmedien Wiesbaden GmbH, ein Teil von Springer Nature 2018
S. Kühl, *Organisationskulturen beeinflussen*,
https://doi.org/10.1007/978-3-658-20197-5

Bleicher, Knut (1986): Strukturen und Kulturen der Organisation im Umbruch: Herausforderungen für den Organisator. In: *Zeitschrift Führung & Organisation* 2, S. 97–106.

Bohn, Ursula (2007): Vertrauen in Organisationen: Welchen Einfluss haben Reorganisationsmaßnahmen auf Vertrauensprozesse? München: Dissertation an der Uni München.

Brake, Anna (2009): Schriftliche Befragung. In: Stefan Kühl, Petra Strodtholz und Andreas Taffertshofer (Hg.): Handbuch Methoden der Organisationsforschung. Wiesbaden: VS Verlag für Sozialwissenschaften, S. 392–412.

Brake, Anna; Weber, Susanne Maria (2009): Internetbasierte Befragung. In: Stefan Kühl, Petra Strodtholz und Andreas Taffertshofer (Hg.): Handbuch Methoden der Organisationsforschung. Wiesbaden: VS Verlag für Sozialwissenschaften, S. 413–434.

Brunsson, Nils (1989): The Organization of Hypocrisy. Talk, Decisions and Actions in Organizations. Chichester et al.: John Wiley & Sons.

Cameron, Kim S.; Quinn, Robert E. (1999): Diagnosing and Changing Organizational Culture. Reading: Addison-Wesley.

Cardador, Teresa M.; Rupp, Deborah E. (2010): Organizational Culture, Multiple Needs, and the Meaningfulness of Work. In: Neal Ashkanasy, Celeste P. M. Wilderom und Mark F. Peterson: The Handbook of Organizational Culture and Climate. 2. Aufl. London: Sage, S. 158–180.

Carleton, J. Robert; Lineberry, Claude S. (2010): Achieving Post-Merger Success. A Stakeholder's Guide to Cultural Due Diligence, Assessment, and Integration. San Francisco: Pfeiffer.

Connors, Roger; Smith, Tom (2012): Change the Culture, Change the Game. The Breakthrough Strategy for Energizing your Organization and Creating Accountability for Results. London: Portfolio/Penguin.

Deal, Terrence E.; Kennedy, Allan A. (1982): Corporate Cultures. The Rites and Rituales of Corporate Life. Reading: Addison-Wesley.

Deetz, Stanley A.; Tracy, Sarah J.; Simpson, Jennifer Lyn (2000): Leading Organizations Through Transition. Communication and Cultural Change. Thousand Oaks, London, New Delhi: Sage.

Dell, Susanne (2005): Es geht alles seinen sozialistischen Gang. Erinnerungen an den DDR-Alltag. Norderstedt: Books on Demand GmbH.

Dombois, Rainer (2009): Von organisierter Korruption zu individuellem Korruptionsdruck? Soziologische Einblicke in die Siemens-Korruptionsaffäre. In: Peter Graeff, Karenina Schröder und Sebastian Wolf (Hg.): Der Korruptionsfall Siemens. Analysen und praxisnahe Folgerungen des wissenschaftlichen Arbeitskreises von Transparency International Deutschland. Baden-Baden: Nomos, S. 131–150.

Doppler, Klaus; Lauterburg, Christoph (2002): Change Management. Den Unternehmenswandel gestalten. 10. Aufl. Frankfurt a. M., New York: Campus.

Doran, George T. (1981): There's a S.M.A.R.T. Way to Write Management's Goals and Objectives. In: *Management Review* 70, S. 35–36.

Drucker, Peter F. (1954): The Practice of Management. New York: Harper & Row.

Ebers, Mark (1991): Der Aufstieg des Themas »Organisationskultur« in problem- und disziplingeschichtlicher Perspektive. In: Eberhard Dülfer (Hg.): Organisationskultur. Stuttgart: Schäffer-Poeschel, S. 39–63.

Fleming, Peter (2005): »Workers« Playtime. Boundaries and Cynicism in a »Culture of Fun« Program. In: *Journal of Applied Behavioral Science* 41, S. 285–303.

Foster, Richard; Kaplan, Sarah (2001): Creative Destruction. Why Companies That Are Built to Last Underperform the Market – and How to Successfully Transform Them. New York: Crown Business.

Freeman, Jo (1972): The Tyranny of Structurelessness. In: *Berkeley Journal of Sociology* 17, S. 151–164.

Frost, Peter J.; Moore, Larry F.; Louis, Meryl R.; Lundberg, Craig C.; Martin, Joanne (1985): An Allegorical View of Organizational Culture. In: Peter J. Frost, Larry F. Moore, Meryl R. Louis, Craig C. Lundberg und Joanne Martin (Hg.): Organizational Culture. Beverly Hills, London: Sage, S. 13–25.

Gagliardi, Pasquale (1986): The Creation and Change of Organizational Cultures. A Conceptual Framework. In: *Organizational Studies* 7, S. 117–134.

Geser, Hans (1980): Kleine Sozialsysteme: Strukturmerkmale und Leistungskapzitäten. Versuch einer theoretischen Integration. In: *Kölner Zeitschrift für Soziologie und Sozialpsychologie* 32, S. 205–239.

Glasl, Friedrich (2004): Konfliktmanagement. Ein Handbuch für Führungskräfte, Beraterinnen und Berater. 8. Aufl. München: Freies Geistesleben.

Goffman, Erving (1967): The Nature of Deference and Demeanor. In: Erving Goffman (Hg.): Interaction Ritual. Essays in Face-to-Face Behavior. New York, London: Allen Lane Penguin, S. 47–96.

Grey, Christopher (2013): A Very Short, Fairly Interesting and Reasonably Cheap Book about Studying Organizations. 3. Aufl. London, Thousand Oaks, New Delhi, Singapore: Sage.

Grubendorfer, Christina (2016a): Die Regeln des Spiels. In: *managerseminare* (5), S. 50–56.

Grubendorfer, Christina (2016b): Einführung in systemische Konzepte der Unternehmenskultur. Heidelberg: Carl Auer.

Grubendorfer, Christina (2016c): Unternehmenskultur beobachten und verändern. In: *Wirtschaft + Weiterbildung* (7/8), S. 34–39.

Höfler, Manfred (2014): Abenteuer Change Management. Handfeste Tipps aus der Praxis für alle, die etwas bewegen wollen. 5. Aufl. Frankfurt a. M.: Frankfurter Allgemeine Buch.

Hofstede, Geert (1980): Culture's Consequences. International Differences in Work Related Values. Beverly Hills, London: Sage.

Huntington, Samuel P. (1968): Political Order in Changing Societies. New Haven, London: Yale University Press.

Janssen, Bodo (2016): Die stille Revolution. Führen mit Sinn und Menschlichkeit. München: Ariston.

Klimecki, Rüdiger; Probst, Gilbert; Eberl, Peter (1994): Entwicklungsorientiertes Management. Stuttgart: Schäffer-Poeschel.

Kobi, Jean-Marcel; Wüthrich, Hans A. (1986): Unternehmenskultur verstehen, erfassen und gestalten. Landsberg: Verlag Moderne Industrie.

Krackhardt, David; Hanson, Jeffrey R. (1993): Informal Networks: The Company Behind the Chart. In: *Harvard Business Review* 71 (4), S. 104–113.

Kühl, Stefan (2002): Jenseits der Face-to-Face-Organisation. Wachstumsprozesse in kapitalmarktorientierten Unternehmen. In: *Zeitschrift für Soziologie* 31, S. 186–210.

Kühl, Stefan (2010): »Rationalitätslücken«. Ansatzpunkt
    einer sozialwissenschaftlich informierten Organisations-
    beratung. In: Stefan Kühl und Manfred Moldaschl (Hg.):
    Organisation und Intervention. Ansätze für eine
    sozialwissenschaftliche Fundierung von Organisations-
    beratung. München, Mering: Rainer Hampp Verlag,
    S. 215–244.

Kühl, Stefan (2011): Organisationen. Eine sehr kurze Einfüh-
    rung. Wiesbaden: VS Verlag für Sozialwissenschaften.

Kühl, Stefan (2015a): Das Regenmacher-Phänomen. Wider-
    sprüche im Konzept der lernenden Organisation. 2., ak-
    tualisierte Aufl. Frankfurt a. M., New York: Campus.

Kühl, Stefan (2015b): Ganz normale Organisationen. Zur
    Soziologie des Holocaust. Berlin: Suhrkamp.

Kühl, Stefan (2015c): Gruppen, Organisationen, Familien und
    Bewegungen. Zur Soziologie mitgliedschaftsbasierter
    Systeme zwischen Interaktion und Gesellschaft. In:
    Bettina Heintz und Hartmann Tyrell (Hg.): Interaktion –
    Organisation – Gesellschaft revisited. Sonderheft der
    Zeitschrift für Soziologie. Stuttgart: Lucius & Lucius,
    S. 65–85.

Kühl, Stefan (2015d): Sisyphos im Management. Die vergeb-
    liche Suche nach der optimalen Organisationsstruktur.
    2., aktualisierte Aufl. Frankfurt a. M., New York: Campus.

Kühl, Stefan (2015e): Wenn die Affen den Zoo regieren. Die
    Tücken der flachen Hierarchien. 6., aktualisierte Aufl.
    Frankfurt a. M., New York: Campus.

Kühl, Stefan (2016): Strategien entwickeln. Wiesbaden:
    Springer VS.

Kühl, Stefan (2017): Leitbilder erarbeiten. Wiesbaden:
    Springer VS.

Kuhlmann, Martin (2009): Beobachtungsinterview. In: Stefan Kühl, Petra Strodtholz und Andreas Taffertshofer (Hg.): Handbuch Methoden der Organisationsforschung. Wiesbaden: VS Verlag für Sozialwissenschaften, S. 78–99.

Liebig, Brigitte; Nentwig-Gesemann, Iris (2009): Gruppendiskussion. In: Stefan Kühl, Petra Strodtholz und Andreas Taffertshofer (Hg.): Handbuch Methoden der Organisationsforschung. Wiesbaden: VS Verlag für Sozialwissenschaften, S. 102–123.

Liebold, Renate; Trinczek, Rainer (2009): Experteninterview. In: Stefan Kühl, Petra Strodtholz und Andreas Taffertshofer (Hg.): Handbuch Methoden der Organisationsforschung. Wiesbaden: VS Verlag für Sozialwissenschaften, S. 32–56.

Loriot (1991): Pappa ante Portas. Rialto Bavaria: Film.

Lorsch, Jay W. (1986): Managing Culture. The Invisible Barrier to Strategic Change. In: *California Management Review* 28, S. 95–109.

Luhmann, Niklas (1964): Funktionen und Folgen formaler Organisation. Berlin: Duncker & Humblot.

Luhmann, Niklas (1970): Allgemeines Modell organisierter Sozialsysteme. Bielefeld: Unveröff Ms.

Luhmann, Niklas (1971): Reform des öffentlichen Dienstes. In: Niklas Luhmann (Hg.): Politische Planung. Opladen: WDV, S. 203–256.

Luhmann, Niklas (1972): Rechtssoziologie. Reinbek: Rowohlt.

Luhmann, Niklas (1973): Zweckbegriff und Systemrationalität. Frankfurt a. M.: Suhrkamp.

Luhmann, Niklas (1984): Soziale Systeme. Grundriß einer allgemeinen Theorie. Frankfurt a. M.: Suhrkamp.

Luhmann, Niklas (2000): Organisation und Entscheidung. Opladen: WDV.

Mann, Leon (1969): Queue Culture: The Waiting Line as a Social System. In: *American Journal of Sociology* 75, S. 340–354.

Marshall, Judie; McLean, Adrian (1985): Exploring Organisation Culture as a Route to Organisational Change. In: Valerie Hammond (Hg.): Current Research in Management. London: Francis Pinter, S. 2–20.

Maslow, Abraham H. (1954): Motivation and Personality. New York: Harper.

Mayo, Elton (1948): The Human Problems of an Industrial Civilization.

Michels, Robert (1911): Zur Soziologie des Parteiwesens in der modernen Demokratie. Untersuchungen über die oligarchischen Tendenzen des Gruppenlebens. Leipzig: Verlag von Dr. Werner Klinkhardt.

Mintzberg, Henry (1979): The Structuring of Organizations. A Synthesis of the Research. Englewood Cliffs: Prentice-Hall.

Morgan, Gareth (1986): Images of Organization. Beverly Hills: Sage.

Ogbonna, Emmanuel; Wilkinson, Barry (1990): Corporate Strategy and Corporate Culture. The View from the Checkout. In: *Personnel Review* 19, S. 9–15.

Ouchi, William G. (1981): Theory Z. How American Business Can Meet the Japanese Challenge. New York: Addison Wesley.

Peters, Thomas J.; Waterman, Robert H. (1982): In Search of Excellence. New York: Harper & Row.

Rodríguez Mansilla, Darío (1991): Gestion organizacional. Elementos para su estudio. Santiago de Chile: Pontificia Universidad Católica de Chile.

Rodríguez Mansilla, Darío (2004): Diagnóstico organizacional. 6. Aufl. Santiago de Chile: Ediciones Universidad Católica de Chile.

Roethlisberger, Fritz Jules; Dickson, William J. (1939): Management and the Worker. An Account of a Research Program Conducted by the Western Electric Company, Hawthorne Works, Chicago. Cambridge: Harvard University Press.

Rottenburg, Richard (1996): When Organization Travels: On Intercultural Translation. In: Czarniawska, Barbara und Guje Sevón (Hg.): Translating Organizational Change. Berlin, New York: Walter de Gruyter, S. 191–240.

Sackmann, Sonja A. (1991): Cultural Knowledge in Organizations. Newbury Park: Sage.

Sackmann, Sonja A. (2006): Success Factor: Corporate Culture. Developing a Corporate Culture for High Performance and Long-term Competitveness. Gütersloh: Verlag Bertelsmann Stiftung.

Sackmann, Sonja A. (2008): Diskrepanzanalyse. In: *Zeitschrift für Organisationsentwicklung* (4), S. 85–89.

Schein, Edgar H. (1985): Organizational Culture and Leadership. London: Jossey-Bass.

Schein, Edgar H. (1996): Culture: The Missing Concept in Organization Studies. In: *Administrative Science Quarterly* 41, S. 229–240.

Schein, Edgar H. (1999): The Corporate Culture Survival Guide. San Francisco: Jossey-Bass.

Schnyder, Alphons Beat (1992): Die Entwicklung zur Innovationskultur. In: *Organisationsentwicklung* (1), S. 62–69.

Scott-Morgan, Peter (1994): The Unwritten Rules of the Game. Master Them, Shatter Them, and Break Through the Barriers to Organizational Change. New York: McGraw-Hill.

Smith, Rebecca (2015): Organizational Culture. Case Studies. Princeton: Unveröff. Ms.

Solomon, Cynthia (2004): Culture Audits: Supporting Organizational Success. Alexandria: ASTD.

Taylor, Carolyn (2015): Walking the talk. Building a culture for success. New, fully revised edition. London: Random House Business Books.

Vogler, Michael (2014): Wieso arbeiten wir hier eigentlich? Unternehmenskultur erkennen und bewusst gestalten. Wien, Hamburg: Edition Konturen.

Weeks, John (2004): Unpopular Culture. The Ritual of Complaint in a British Bank. Chicago: University of Chicago Press.

Weick, Karl E. (1995): Sensemaking in Organizations. Thousand Oaks, London, New Delhi: Sage.

Young, Ed (1989): On the Naming of the Rose. Interests and Multiple Meanings as Elements of Organizational Culture. In: *Organization Studies* 10 (2), S. 187–206.

Lektürehinweise – für ein organisationstheoretisch informiertes Verständnis von Organisationen

Unser Anspruch ist es, für Praktiker, die sich für einen organisationstheoretisch informierten Zugang zu Organisationen interessieren, ein umfassendes Angebot an aufeinander Bezug nehmenden Texten zur Verfügung zu stellen. Im Einzelnen besteht dieses Angebot aus folgenden Bausteinen:

Eine grundlegende Einführung in ein systemtheoretisches Verständnis von Organisationen

Kühl, Stefan (2011): *Organisationen. Eine sehr kurze Einführung.* Wiesbaden: VS Verlag für Sozialwissenschaften.

Grundlegend zur Rolle von Macht, Verständigung und Vertrauen in Organisationen

Kühl, Stefan (2017): *Laterales Führen.* Wiesbaden: Springer VS.

© Springer Fachmedien Wiesbaden GmbH, ein Teil von Springer Nature 2018
S. Kühl, *Organisationskulturen beeinflussen*,
https://doi.org/10.1007/978-3-658-20197-5

Anwendungen auf verschiedene Anlässe in Organisationen

Kühl, Stefan; Muster, Judith (2016): *Organisationen gestalten.* Wiesbaden: Springer VS.

Kühl, Stefan (2016): *Strategien entwickeln.* Wiesbaden: Springer VS.

Kühl, Stefan (2016): *Projekte führen.* Wiesbaden: Springer VS.

Kühl, Stefan (2017): *Leitbilder erarbeiten.* Wiesbaden: Springer VS.

Kühl, Stefan (2017): *Märkte explorieren.* Wiesbaden: Springer VS.

In den nächsten Jahren kommen in der Reihe *Management-Kompakt* bei Springer VS jeweils noch kurze organisationstheoretisch informierte Einführungen unter anderem zu Interaktionsarchitekturen (z. B. Workshops, Großkonferenzen, Webkonferenzen) und zu Tätigkeiten in Organisationen (z. B. Managen, Führen, Beraten, Moderieren, Präsentieren, Evaluieren, Vergleichen) hinzu.

Organisationstheoretisch informierte Einmischungen in die aktuellen Managementdiskussionen

Kühl, Stefan (2015): *Wenn die Affen den Zoo regieren. Die Tücken der flachen Hierarchien.* 6., aktual. Aufl., Frankfurt a. M., New York: Campus.

Kühl, Stefan (2015): *Das Regenmacher-Phänomen. Widersprüche im Konzept der lernenden Organisation.* 2., aktual. Aufl., Frankfurt a. M., New York: Campus.

Kühl, Stefan (2015): *Sisyphos im Management. Die vergebliche Suche nach der optimalen Organisationsstruktur.* 2., aktual. Aufl., Frankfurt a. M., New York: Campus.

Überblick über die zentralen Bücher und Artikel der Organisationsforschung

Kühl, Stefan (Hg.) (2015): *Schlüsselwerke der Organisations-forschung*. Wiesbaden: Springer VS.

Überblick über quantitative und qualitative Methoden zum Verständnis von Organisationen

Kühl, Stefan; Strodtholz, Petra; Taffertshofer, Andreas (Hg.) (2009): *Handbuch Methoden der Organisationsforschung*. Wiesbaden: VS Verlag für Sozialwissenschaften.

Englische Fassungen werden zu allen diesen Beiträgen entstehen oder sind bereits entstanden. Unveröffentlichte Vorfassungen können unter quickborn@metaplan.com angefordert werden.

Printed in the United States
By Bookmasters